阅读　你的生活

数字鸿沟

科技时代美国学校如何制造不平等

DIGITAL DIVISIONS

How Schools Create Inequality *in* the Tech Era

Matthew H. Rafalow

[美] **马修·拉法洛** ◎ 著

姚 曼 ◎ 译

中国人民大学出版社

·北京·

目　录

第三章　规训取向来源

第四章　学校作为数字参与的社会化主体

结论

致谢

附录　方法论

导　言

导 言

我初次拜访希斯克利夫中学①时，曾观摩过罗森女士的六年级历史课。希斯克利夫是一所位于南加利福尼亚州的私立学校，就读门槛颇高。因为没有设置奖学金，它的招生范围被限制了，只有住在附近的富裕白人家庭才能负担孩子在这所学校就读的费用。学校的收入使其能够为所有学生提供 iPad（苹果平板电脑）。学生们不仅能在课堂中使用这些设备，也可以把 iPad 带回家。这堂课上，学生们正在 iPad 上完成一个项目。他们需要解释并评论一则国际新闻报道。 1

“好的，我的小历史学家们！”罗森女士大声说道，“让我们拿出 iPad，是时候继续准备我们的新闻报告了。”学生们都打开书包，拿出他们的平板电脑。我瞥见旁边一个学生的屏幕，她正打开 Keynote（苹果设备中的一个幻灯片演示应用）。罗森女士在教室里走动，帮助一些学生找到并打开 Keynote，为活动做好准备。“你们都知道要做些什么，”她说，“你们的期末报告下周就要交了。”

当学生们在他们的平板上点击和滑动时，教室里大部分时候是相对安静的。但刚开始没几分钟，一个学生的平板中突然传来响亮的动感十足的流行音乐声，打破了教室的宁静。我意识到，声音来自我之前看见的那个正打开 Keynote 应用的学生。她很快滑动屏幕，关掉了凯蒂·佩里（Katy Perry）——一位流行音乐歌手——的 MV（音乐录像带）。教室里传来咯咯的笑声，甚至罗森女士也微笑了起

① 本书涉及的三所学校，即希斯克利夫中学、谢尔顿初中、凯撒·查韦斯中学，依原文及叙述需要，有时用其简称。——译注

来。“朱莉安娜，”她有意说道，“我希望佩里小姐会出现在你下周
2 的新闻报告中。”朱莉安娜微笑着点了点头。罗森女士接着对全班同学说：“如果大家正在做的事情会发出噪声，请将音量调低或者拿出耳机。”没过多久我就看见一些学生滑到浏览器中搜索一些歌手的照片，其中两三个还复制、粘贴了这些照片到他们的幻灯片中。

几个星期之后，我第一次前往谢尔顿初中，去观摩芭托女士的六年级音乐课。她提前告诉我，他们正在课堂项目中使用电脑软件来学习创作音乐。虽然离希斯克利夫中学只有 40 分钟车程，这所学校服务的学生群体却十分不同。白人家庭曾经是占据谢尔顿附近社区的主要群体，但在过去十年里，社区经历了变迁，以适应涌入的亚裔移民家庭（中产阶级为主）。他们的孩子也正逐渐迁入这个学区。

尽管谢尔顿是个公立学校，但它的老师和管理人员竭尽全力确保在教学中能随时使用最新的数字科技。我在观察芭托女士的音乐课时，也发现这个情况十分明显。我刚到时便走到教室的角落，坐在椅子上观察整个教室。环顾四周，我数了数，教室里一共有 5 个分区，每个区域有 4 台崭新的电脑。教室里的显示器拥有高分辨率的大屏幕，跟我平时在科技行业工作时见到的专业设计师的屏幕并无区别。

一位身穿牛仔背心、脚蹬彩虹运动鞋的青少年在我落座后不久走进了教室。经过我身边时，他自我介绍名字是卢克。“这堂课棒极了！”他用不太清楚的低声说道，“我的歌曲将会是最棒的。”他

最终在一台电脑前坐下，随着铃声响起，芭托女士和其他学生鱼贯而入，也坐到他们的桌前。“大家好!”芭托女士说，“让我们开始吧!”我看看四周，学生们戴上了耳机，打开自己的项目页面。他们各自的屏幕上布满了横线，一个个小音符正被拖拽着来完成作曲。音乐课堂如此安静，除了电脑鼠标不停点击的急促声音，我对此十分惊讶。学生们在修改作品时会一次又一次地重放，但耳机将这些声音全部隔绝了。

芭托女士招手让我来到她的桌前，想让我看看她电脑里的一些
东西。“瞧瞧这个。”她说。我看见她屏幕上大约排列有 20 个小窗 3
口，仔细一看，我才意识到这些都是缩小版的电脑屏幕。它们都在实时运作。“这很疯狂对吗?”她说，“我甚至不需要在教室里走来走去，就能看见他们在电脑上做什么。”确实，这些屏幕看上去和一系列监控摄像头没什么区别。大多数学生在使用音乐作曲软件完成他们的课程项目。“看这儿。”她指着一个小屏幕说道。点击它之后，它便扩大，显示出一个小型浏览器窗口中正在播放的嘻哈音乐 MV。“瞧着，”她得意地笑着，然后从椅子上站了起来，大声喊道，“嘿！卢克！别看那个 MV 了，赶紧回去做你的项目!”卢克震惊了。过了一会儿，我可以从芭托女士的放大屏幕中看见卢克已经关掉了 MV。他很快便回到了音乐创作的工作中。

这些例子中尤其有趣的地方在于，这两个六年级课堂都是围绕一种创造性的活动来学习的。在希斯克利夫，学生们正在创作有关时事新闻的电子报告；在谢尔顿，他们则是在作曲软件中完成音乐作品。两个课堂在活动中都使用了最先进的数字科技，课堂时间也

都用于独立学习。然而，相似之处到此为止。同样的行为——一个学生打开 MV——被老师打断的方式却是不一样的。在芭托女士的课堂中，创作音乐是课堂的核心，她却公开指责学生为了娱乐而观看 MV 的行为，尽管这并没有分散其他学生的注意力。罗森女士则相反，她将学生对数字媒体的广泛兴趣纳入他们的新闻项目中。在对待数字技术的方式上，这些老师并不是个例。将两个学校一学年的课堂生活都记录下来后，我发现，像这样规训学生的数字化娱乐（digital play）行为在谢尔顿初中是主导的教学方式。而在希斯克利夫，积极将孩子们的线上娱乐活动融入学业中的做法则十分普遍。对于相似的科技、孩子们的数字化娱乐，老师们为什么会产生如此不同的价值建构呢？

在我进行这个研究项目时，我又加入了另一所初中进行对比。
4 我试图把这些事情都弄清楚。虽然我一直都是一个技术发烧友，但我对公众将数字科技作为解决所有社会弊端的“灵丹妙药”的认知持有怀疑态度。社会科学向我展示了在笔记本电脑和社交网络出现前，那些阻碍教育公平实现的诸多结构性力量。我相信，这也正是我发现的：在数字时代从事学校研究的学者，依旧能够观察到那些研究学校日常生活的经典作品中出现的特征。当学校铃声响起，校园将迅速从一个神圣的殿堂转变为一个活力十足、摩肩接踵的繁华中心。老师们在教师休息室分享闲散的八卦。学生们则在午休时间各自谈论着家庭作业和朋友之间最新的故事。但即使与仅仅十年前相比，当代民族志研究者也会注意到一些与以往学校民族志的显著差异。

导　言

数字科技无处不在：几乎所有学生和老师都随身携带像智能手机这样的移动设备，教室里也配备了电脑甚至交互式电子白板。正如一位老师说的，互联网连接“就像氧气一样”。

当学校正全力追赶数字时代时，我们也见证了一场旨在缩小科技方面差距的全国性运动。这种差距也被称为“数字鸿沟”，运动的目的是向来自社会不同阶层①的年轻人提供发展和分享才能的机会。为适应数字时代的到来，学校正通过课程改革和投资高质量软硬件来迅速提升自身实力。通过地方、州和联邦拨款以及公司慈善事业的捐助，不同学区每年在数字技术上的花费达到 170 亿美元。[1]

不同学区购买的具体科技项目差别颇大，但通常都包含高速网络的接入。典型的硬件设备包含计算机实验室、笔记本电脑和平板电脑等移动设备，以及交互式电子白板。软件投资则包含网络学习管理系统、学生电子档案数据库、评分工具、教育类游戏，以及文件分享服务的许可。有关教育领域数字鸿沟的追踪性研究显示，这些投资的确发挥了作用。[2]在学校和家庭层面，那些必要软硬件获取方面的差距已经大大缩小。对教育改革者们来说，每个孩子拥有一台笔记本电脑的宏伟目标，比以往任何时候都接近现实。

教育工作者们知道，他们的目标并不是使学校资源达到均等。 5
由于极度不平等的童年经历，学生们是带着不同程度的优势来到学校的。这为教学带来了挑战。[3]幸运的是，在这一点上有些好消息：

① Class 一词，据上下文句意译为阶级或阶层。——译注

青少年们已经占据一定优势，因为他们与朋友一起使用着多种数字技术。许多人口学分析一致显示，年轻人对数字科技的使用达到了惊人的平等。[4]几十年来，教育研究都在强调孩子们在学业成功所需要的重要资源上存在不平等，特别是不同种族和阶层之间。[5]然而在当下，我们发现青少年在互联网和有关设备（比如电脑和智能手机）的使用上，差别是微乎其微的。如今青少年的科技使用率要远超上几代人。

年轻人对数字科技的使用复兴了一些教育运动。其支持者认为，与同伴上网玩耍（也就是娱乐）培养起来的数字技能，对于21世纪的学习和成就至关重要。这方面的研究发现，儿童将数字科技使用作为他们青少年文化的一种延伸。与同伴的交流需要对线上交流和制作、分享媒体的数字工具有基本了解。[6]对研究所谓数字素养（digital literacy）的学者来说，这些技能在校内外都能得到培养，并有助于学生的学业成就，也可以帮助他们此后在新经济形态中进行社会流动。教师可能会从了解年轻人带到学校的数字技能中受益，从而更好地支持工人阶级和少数族裔学生。

然而，一项最近的学校科技推广活动显示，问题可能并不在于孩子们是否掌握关键的科技技能，而在于什么样的技能被认为是对学业成就有价值的。洛杉矶联合学区（Los Angeles Unified School District）在2013年与苹果公司签署价值3 000万美元的合同，为其区内65万学生购买了iPad（平板电脑）。学区认为这扫除了学习的一项主要障碍。负责人约翰·德塞（John Deasy）公开称赞此举作为推广民权的一项运动，将为学生们——尤其是来自低收入家庭

的少数族裔学生——提供 21 世纪成功所必需的工具。[7] 6

推广还不到一星期，学生们就找到了规避安全软件的方法，这样他们就能连接如脸书（Facebook）和推特（Twitter）这样的社交软件，还能在油管（YouTube）上看视频。这些“侵入”电子设备的行为曾成为全国性新闻。学生们想用学校提供的 iPad 来娱乐，而非进行标准化考试和做家庭作业。结果，这项关于 iPad 的推广被认为是一场彻底的失败：一个“iFail”。这些平板电脑被收回，该学区一名技术整合负责人引咎辞职。洛杉矶联合学区因苹果公司无力“保护”其出售的硬件设备，向其索要购买款项。对该学区来说，娱乐，成为实现正确学习方式的主要威胁。

在此次有关 iPad 的灾难中，有趣的是学生之间技能上的差异并没有成为一个问题。学生们的数字创作技能成熟到能够规避程序员们设计的复杂软件。多项报告也指出，学生之间通过互相帮助，教会彼此如何修改软件来上网和朋友们玩耍。事实上，这些活动与苹果的史蒂夫·乔布斯（Steve Jobs）、脸书的马克·扎克伯格（Mark Zuckerberg）或谷歌的谢尔盖·布林（Sergey Brin）和拉里·佩奇（Larry Page）等创新者探索数字技术的传奇故事似乎没有太大不同：年轻人读取硬件里面的数据，并且勤奋地为自己的目的修改平台数据。学生们找来富有创造力的方法来改换 iPad 的用途，让它对他们来说更有价值。为什么这些学生却被描述为“黑客”而非创新者呢？

有关谁会成为创新者的问题值得一番探索。硅谷发布的报告显示，大型科技公司的员工性别分布极不平等。2014 年，在苹果、谷歌、脸书和推特公司，70%的员工为男性。种族差异则较少被研究，但数据显示，在谷歌，拉美裔员工仅为3%，2%是黑人。[8]虽然这些数据并没有显示硅谷从业人员的社会经济背景，但它们表明，在性别、种族以及有可能的社会阶层上存在代表性问题。评论者认为，以白人和男性为主的硅谷“泡沫”是一个严重问题。这不
7 仅与平等相关，对资本主义整体也是一个问题。[9]如果白人和男性设计师们的创意视野受限于其所处背景，那么对于其余的美国人（占人口69%），被推销的数字创新产品对他们的生活环境来说谈不上特别创新。所以，社会活动家和资本家都会同意，科技产业的多样性是重要的。

为何能进入高科技创新领域的少数族裔如此少？这个问题依然令人困惑。科技行业的招聘经理们引用学术界所忧虑的同一个数字鸿沟，称他们很难招到具有才能的候选人。但当我尝试想象学生们成为创新者角色的路径时，我不断想起洛杉矶联合学区的“iFail”事件。这些黑人和拉美裔青少年，大部分是工人阶级背景，很明显地展现了新生代的数字技能。这些技能很可能来自校外与同龄朋友们的网上活动。这些老师和管理人员，大概很多比他们的学生掌握的数字技能少，会怎么看待学生的青少年数字文化？他们是否认为年轻人在网上的创新性行为对学业有利？如果他们认为有利，则如何在实践中培养学生的创新性呢？老师们关于学生作为创新者的观念从何而来？

为了评估学校是否以及如何为学生做好数字时代的准备，我们需要对今天充盈着科技的课堂日常进行细致观察。我们需要评

估这些学校的老师如何看待数字技术对于学业成就的价值，以及他们在教学中如何使用科技工具。数字鸿沟虽然令人忧虑，但它仅仅是阻碍学生们实现潜力的一项障碍。记录下教师们的看法和实践，将提高我们对创新者基因的理解，超越更简单的笼统理论。

为解决少数族裔和经济条件较差学生面临的潜在障碍，我们还需要良好的对比案例：我们需要了解，在同样配备高质量科技设备的学校，人口学特征的差异是否会引起对学生数字文化和创新能力的不同看法。而且，我们需要探究这些阶层化、种族化的观念从何而来，而不至于落入将歧视性观念归咎于个别教师的熟悉套路。

在本书中，我将全力探索这些问题，并最终基于以往在教育、 8
科技和创新等领域的学术成果，提出两项主张。大多数有关数字鸿沟的当代理论都聚焦于学生的关键数字技能（或数字素养）对成功的重要性，例如在在线写作和电脑编程方面。学者们认为，如果老师能够更好地传授这些技能，那么学生们就更有可能在技术复杂的劳动力市场上最大限度地发挥自己的潜力。进一步地，数字科技在学校和青少年家中日益普及，不管学生的出身背景如何，获取某些资源的竞争环境都变得更加公平。这使我们能够检验不平等童年和教育中文化不平等的理论。这些理论认为学校可以利用这些处于弱势地位的学生带来学校的数字技能，帮助工人阶级学生和少数族裔学生提升成就。然而老师们并不认为从玩耍中习得的数字技能对学习有价值，而是监控学生的使用情况，忽视了它的潜力。

我最终认为，教育机构培养创新者的方式在于它们规训娱乐

(discipline play）的能力。青少年数字文化充满新奇的想法、形式和风格。但学校却为学生能否调整数字化娱乐追求来取得成就设定了条件，这些条件对于不同种族和阶层的学生是不一样的。在主要服务于工人阶级和中产阶级少数族裔的学校，教师们传递给学生的是他们的数字化娱乐对学习是没有价值的。而在服务富裕的白人的学校，老师们传递的则是数字化娱乐是学业成就不可或缺的一部分。因此，老师们对待学生相似形式的数字化娱乐的方式是十分不同的，这也会直接影响到学业成就。

对青少年数字文化和娱乐的规训导向来源于学校内部一系列看法和期待的复杂组合。这是我提出的第二项主张。教师会根据学生的种族和阶层来设定对于他们学习潜力的假设，办公环境的
9 文化对于塑造教师对待学生数字化娱乐的方式甚至更为重要——只要让任何一位老师分享一些他们在不同教学环境中工作的“战争故事”。

学校内部共享着一系列期望，它们能影响老师如何看待彼此，甚至影响如何看待他们自己的学生。例如，我发现教师工作环境是充满敌意的还是家庭友好氛围的，能够影响教师的规训导向。那些试图在充满敌意的工作环境中勉强度日的老师，会将同事和学生都视为威胁。于是他们把这些期望与亚裔学生作为黑客的种族化形象联系起来，而非模范少数族裔的刻板印象。而在教师之间和教学中鼓励家庭式互帮互助的学校里，老师们将拉美裔学生视为友善和工作努力的移民群体，而非未来的黑帮成员。学校工作环境的氛围促成了那些“合理的”具有种族化和阶级化的意象，而老师们正是用

这些意象来看待学生的。正是这些不同的工作环境导致对待娱乐的不同取向，从而激活或者限制学生创新的机会。换句话说，无论教师个人是否对学生有刻板印象，他们工作场所的文化都会让特定刻板印象发挥作用。

教育改革者、从业者和希望孩子们能得到最好的教育的家庭都迫切希望优先消除学校的数字鸿沟，以最大限度地发挥学生的潜力。成年人或许认为，学生们作为“数字青年”[10]，如果高质量的教育科技更容易获得，他们将在课堂上投入更多注意力，学习关键的数字技能。但我们对于创新如何运作的了解，比我们认为的要少。这不仅仅是技能的问题。学校环境就像一个沙盘，各种想法在里面被传播、升华，或者否决。

1. 创新与娱乐

游戏娱乐是哲学家、教育家和当代技术专家感兴趣的理论主题。柏拉图认为游戏是孩童自愿学习“守法”观念的最好方式。[11]约翰·赫伊津哈（Johan Huizinga）在研究古代文化时，将游戏视为一种最纯粹的美学行为，一种表达心灵的能力和在世上留下痕迹的方式。[12]正如理论家们认为的，这种在社会上的“痕
迹”，本质上就是创新。因此，游戏作为在历史上一种有价值的 *10*
社会实践、一种新鲜事物，在学习和商业中被周期性地引入，也就不足为奇了。

麻省理工学院媒体实验室（MIT Media Lab）首席技术专家迈克尔·施拉格（Michael Schrage）主张将游戏娱乐融入人们的日常

工作环境中。[13]他使用了原型制作的例子来说明游戏在公司环境中的有利之处。原型指一个新点子的草图或者部分功能。施拉格发现，在不同的公司中，选择由谁来设计原型的过程各不相同。他认为，当公司认真对待游戏，在原型设计中就会考虑玩家的价值和那些从频繁（和早期）失败中学来的启示。当玩家们自愿并且十分渴望参与有新可能性的模型设计和修改时，创新便会出现。

研究青年文化的学者也认真对待游戏娱乐。在同类研究中规模最大的混合方法项目中，伊藤美津子（Mizuko Ito）和她的同事发现，当数字科技掌握在青年人手中，并成为青年文化中娱乐性追求的一部分时，它将成为创新的产物。[14]通过数字技术实现娱乐，青年人与同龄人在线上“消磨时间”，并“摆弄”使用这些在线网站进行互动所必需的数字工具。例如，青少年会使用图片、音频和视频编辑软件来融合并分享他们在流行文化中最爱的媒介，或者倒腾线上应用的设计和程序来寻找玩电子游戏的新方式。那些对特定活动保持兴趣的青年人会更可能“极客化”，或者创造和开发出新的文化形式，让其他人受益并为之喝彩。

我从游戏理论家那里学到的是，游戏，作为一种社会实践，代表着与社会结构的接触。尽管只是片刻，它也是人们可以深入探究社会何以可能的一个过程。以一个年轻人玩 SimCity 2000 为例。这是一个建造城市的模拟游戏。在一项有关游戏用于学习的研究中，伊藤美津子描述了一个场景：这位玩家通过切断给消防局这样的公共机构的所有税收拨款为其建造的城市缩减开支。虽然这位年轻玩家享受了城市收入增加的好处，但当城市角落发生的一场大火无法

控制时，他发现自己处在不利地位。[15]从长远看，他因此遭受了更 11
多的财务损失。游戏过程为玩家看清社会结构之间的关系，例如财政政策与政府部门，以及城市自然灾害的社会影响，提供了机会。同样，玩家可以按下重启按钮，重新开始想象一个主宰城市生活、拥有不同结构的新世界。在日常生活中，我们很少有重启按钮这样的奢侈装备。游戏为玩家们提供了社会学意义上的先见之明。

研究者们还认为游戏可以用不同的方式，为不同目的而建构。游戏可以被用于施加社会控制。与游戏理论家们类似，马克思相信人类拥有创造性的冲动，为连接和理解带来无限潜力。[16]他认为这些冲动通常被拥有权力的人所控制，这些人同时禁止平等和创新。在他的时代，马克思看到工人们被迫仅仅把科技视作实现资产阶级目标的物质生产手段。通过将劳动出卖给工厂，为了赚取工资，工人们的创造力与自己的需求被迫分离。

我们可以想象数字化技术的使用存在相似的逻辑。与其说程序员们致力于创新以改善社会的弊端，不如说他们可能成为新一代无意识的工人，为大型科技公司工作。科技公司则保证仅仅一小部分拥有特权的人可能成为 21 世纪的创造者和探索者，而不是为每个人都提供机会。工人阶级和少数族裔的青少年可能拥有丰富的创造潜力，但他们参与创新过程的身份仅仅是规则秩序的追随者，而非改变游戏规则的人。正如我将主张的，马克思主义观点阐明了关于学校的许多真相。娱乐的价值取决于学校情境，学生所属的种族和阶层会带来不同的影响。

2. 学校的娱乐

马克思认为创造性和娱乐会被社会机构所篡夺，社会学家皮埃尔·布迪厄（Pierre Bourdieu）为学校在实践中如何做到这一点提供了方向。[17]布迪厄式的观点将学生的数字化娱乐，以及从娱乐中
12 习得的技能，视为学业成就的潜在文化资本。就此观点看来，儿童的数字技能可以被老师在日常教学中正当化。这些数字技能也许会成为参与其他儿童活动的文化资源，但它们只有被机构中的代理人（例如老师）认为是重要的，才会变得有用。

文化再生产理论认为，优势家庭会将被教育机构重视的知识形式传授给孩子，而处于劣势地位的家庭则不会，因为他们与主流环境联系不那么紧密。老师们则选择性地根据学生展现出的对制度化信号的熟悉程度来决定对他们的包容或者排斥，例如他们对高雅文化的品位，或者符合共同期望的行为。以往研究一再发现，学生们来到学校，所带着的不同习惯与倾向，会被老师不平等地对待，这种不平等为白人中产阶级和富人阶级的孩子系统性地提供优势。[18]

为减少不平等、提升文化上的流动性，有研究者认为学校应当向处于劣势地位的儿童提供这些理想化的文化资源。[19]遵循布迪厄式理论的逻辑，教育研究者们叹息，在童年早期，优势阶层的孩子便已经发展出许多劣势地位儿童所不具备的重要素养能力。如果我们想创造平等的环境，就需要为所有家庭背景的孩子都提供成功所需的文化技能，劣势地位的青少年才能更好地与优势阶层孩子相竞争。

从文化流动性理论的观点看，数字化的青少年文化代表了一个绝佳的机会。以往研究表明，过去几十年已经发展出在科技使用和数字化参与上的显著代际差异。[20]尽管这个情况会随着青少年们长大有所改变，但目前来说，年轻人与更年长的成年人相比，是数字化科技更早采用者。家长也不是学生数字技能的学习来源。布迪厄并没有详尽阐述当不同阶层的孩子都拥有对学业成绩潜在有益的技能时，老师们会怎么样做。老师们究竟会如何评估青少年们带到学校的数字技能呢？

我认为，对娱乐的规训是社会机构成为守门人的一种方式，它
造成学生之间的不平等。优势地位学校中的老师会将学生们的数字 13
化娱乐运用于课堂学习中。有时他们甚至会听从学生自己的有趣点子，取代已有的课堂内容。而同时，为较为劣势背景的学生服务的学校中，老师们倾向于采取那些压制学生创造力的制度化规则。教育社会学家们为我们提供了老师们在实践中如何做到这一点的线索。社会机构通过他们对娱乐的规训来抑制创新。

3. 规训娱乐

社会再生产理论认为，社会制度会针对青少年富有创造力的潜力进行强有效的控制。为了更细致地研究学校如何影响这一过程，这些学者提出了“规训”（discipline）这一概念。它与通常认为的指手画脚、念叨规则有所不同。由于对学生持有基于阶层和种族的不同态度，学校对学生潜力也有着不同期待。老师共有的这些观念正是通过规训来实施的。这个词不仅仅指对学生不好行为的纠正，

同时还意味着一种制度化的过程，这个过程能够决定什么样的行为是合适的，并将这些规则传递给学生。从这个观点看，学校向学生传递信息的方式影响了课堂实践，甚至影响了学生对自己学业价值的认识。

塞缪尔·鲍尔斯（Samuel Bowles）和赫伯特·金蒂斯（Herbert Gintis）对规训如何在学校环境中发挥作用提供了最全面的解释。[21]他们主要聚焦在社会阶层（而非种族），认为学校对不同学生职业轨迹的期待是不同的。老师们会赞扬和奖赏服从学校特定规则的学生，例如给更好的分数。他们也会惩罚那些不服从规则的学生，通过给予低分或者当众羞辱等。这里，规训*同时*①意味着奖赏和惩罚。规训是学校在学生中放置一个“内在监督者”的方式。学校促进了对一些特定学生意识类型的培养。

大量研究记录下老师基于阶层和种族的共同观念对学生展现出的不同态度取向。[22]例如，那些主要服务于工人阶级青少年的学
14 校，为学生提供只能找到工人阶级工作的指导。相比之下，服务于优势阶层的学校则会为学生提供有关去精英学校深造的信息。[23]在另一个例子中，墨西哥裔青少年被告知他们的墨西哥文化，包括使用西班牙语、西班牙语的名字，以及被墨西哥学校青睐的学习方式，对于他们在美国的成就都是毫无用处的。[24]我稍后会主张，老师们的认知和观念还会受到所处组织环境的制约。最终，社会再生产理论家们的原始主张依旧成立：老师们会根据学生们在一个分层化的劳动力市场中的位置来想象学生们的潜力，并且通过教学来实施这些观念。

① 本书斜体字表着重指出，原文如此。——译注

关于老师们在数字时代如何做到这一点的问题，非常令人着迷。老师们告诉我，他们就跟社会上的很多人一样，并不知道在数字时代我们国家的经济未来是什么样的——他们只能推测。然而这些推测通常与劳动力市场中的旧有模式相关，包括谁将成为经济中的创新者和游戏规则改变者。老师们于是在教学实践中带着良好的意图使用数字科技来实施这些观念。通过规训，学校将学生们塑造为特定类型的科技使用者。

我以社会再生产理论为基础，来阐述学校如何通过规训娱乐来控制学生的创造力。这项研究得益于一个极好的时期。在这个时期，学生们无论来自何种家庭背景，都因为青少年数字文化参与而共享相似的数字技能基础。青少年们的数字化娱乐，例如社交媒体和电子游戏，能够被老师转化为有助于学业成就的文化资本。不仅如此，老师们还在这方面向学生们学习。规训正是老师们决定哪些数字化娱乐对学校来说是重要的过程。少数族裔以及工人阶级的青少年被告知他们的数字化娱乐要么与学业无关，要么对学业是有危害的。而优势阶层的青少年则被鼓励（如果不是要求的话），要为了学业成功在学校进行数字化娱乐。结果就是，学生们内化了娱乐和教育制度之间的不同界限：青少年们以不同方式看待在学校的数字化娱乐，是无用的、引起焦虑的，还是对他们在学校的发展非常重要的。

4. 教师观念 *15*

在本书的第一部分，我将论述学校以不同的方式规训娱乐，从而塑造学生在机构内创新的能力。我的第二项主张有关这些规训取向从何而来。虽然社会再生产理论家们准确观察到学校制度分层化的影响，但他们关于老师对学生职业结果想象的来源却着墨不多。这个来源是重要的，因为这些观念能够塑造教学实践。

但是，找出教师对学生的看法从何而来却成了一个难题。我让参与此项研究的老师们（主要是白人中产阶级）仔细考虑他们教授过的学生群体，既包括他们现在的学生，也包括其他学校的学生。我发现他们对于少数族裔学生有两个互相矛盾的观点，对拉美裔工人阶级学生有两种看法，对亚裔中产阶级学生也有两种建构。在一所主要服务拉美裔工人阶级学生的学校，老师们形容他们的学生是“友善的移民”，而在他们工作过的其他地方遇到的拉美裔学生则是“未来的黑帮成员”。在一所主要服务亚裔中产阶级学生的学校，老师们将学生称为“冷酷的黑客”，而他们在别处教过的亚裔学生则是“模范少数族裔”。对于白人学生，老师们并没有这些刻板印象。

这些观念——有关少数族裔学生各式各样的假设以及白人的隐形性——与色盲种族主义（colorblind racism）理论一致。这种当代有关种族的意识形态赋予了白人一系列“不看肤色”的工具，但同时展现出恼人的种族主义观念和行为（例如种族的刻板印象），以牺牲少数族裔的利益，使白人受益。[25]但色盲种族主义却没有帮助我弄清老师们如何理解他们对相似背景学生所持有的多种刻板印象。这种文化上的种族主义意象当然存在于我们的社会中，但种族和种族主义理论并没有解释为什么教师的观念如此互相矛盾，且依然在产生不平等的结果。

本项研究中老师们的帮助带领我找到了拼图中缺失的部分。当我在追寻老师们关于学生的这些观念来自何处时，我同时也听说了 16
大量的有关教师们工作环境的故事。老师们形容他们曾经工作过的某些学校是压力巨大的令人极其不舒服的地方，一些老师会联合起来对付另一些老师；而另一些学校则是令人愉悦的、充满支持性的环境。无独有偶，越来越多的研究表明，教育工作者的共同文化可能在塑造教师如何根据种族和阶层构建学生方面发挥了作用。尽管主要使用了定量方法，但这一系列研究在定性上也可以表明，有教师合作氛围的学校比没有教师合作氛围的学校在成就上的种族和阶层差距更小。[26]

当老师们带领我进入他们工作中的细枝末节，我发现每个学校对教师都抱有一些期待，而这些期待塑造了他们对彼此的看法，也塑造了他们对学生的看法。在主要服务于拉美裔工人阶级学生的学校里，老师们形容教师和行政管理人员是“同舟共济”；相反，在一所主要服务于亚裔中产阶级学生的学校中，老师们形容自己的同事为“人人为己”；而在大多是富裕白人的私立学校中，老师们共享着“为精英服务”的期待。这些职场氛围仅仅是老师们工作体验中的一部分。组织研究者们将这些氛围笼统称为组织文化。[27]但研究者们还没有考察这些氛围如何影响教师对学生的看法。[28]

在本书中，我将提供必要的定性分析来说明如何，以及为何，职场的规范会形塑老师们对学生数字化娱乐的规训取向。每个学校不同的职场氛围为“合适的”观念提供了指导性框架，使其符合老师们所处职场的规范。在一所教师们处于敌对关系的学校，老师们认为他们的学生也是充满敌意的，用“虎妈所养”“冷酷黑客”这些形象来描述他们的亚裔学生。而在一所拥有家庭式教师关系的学校，老师们被激发出传教士式的家长作风，认为他们的拉美裔学生是善良且工作努力的移民，努力想取得成功。但是，与种族和种族主义理论一致，白人学生摆脱了这些种族化观念的限制，因为“白人性”是隐形的。这些白人学生的成功抑或失败被
17 认为是个体性的，而不是像少数族裔学生那样，是他们的族裔属性导致的后果。

5. 本项研究

目前来看，数字化科技可能较少成为社会学的研究主题，但学校却一直处于社会学研究的范围之内。教育社会学家们运用了各式各样的研究方法来记录和理解学校中的社会生活，而民族志调查方法对于理解社会结构在日常生活中的运作十分宝贵。当我刚开始这项研究时，我对探索 21 世纪青少年文化和学校教育之间的关系颇感兴趣。通过关注整个学校生态系统，而非仅仅观察老师或者学生，我期望能够理解那些与学校有关的人之间的互动，并且探索它们如何形塑数字科技在教育方面的应用。我使用的比较式方法同样也意味着在少量教室之间穿梭，从而理解不同学校如何用不同的方式将数字化科技融入学习中。

本书基于对三所中学（两所公立、一所私立）“自然主义式”

的深度观察。这三所学校都配备类似的高质量数字科技设备，但在学生阶层和种族背景上有所差别（附录中有对研究方法的更多介绍）。希斯克利夫是一所主要服务于富裕白人学生的私立中学。谢尔顿初中是主要服务于亚裔中产阶级学生的公立学校。凯撒·查韦斯中学则主要是拉美裔工人阶级学生。这三所学校都位于一个西部城市的附近郊区。

从心理学和社会学的角度来看，中学是一个未被充分研究的阶段，但对学生来说却很重要。第一，它被描述为学生身份认同发展的重要时期，同时也是未来学业轨迹的重要预测器。[29]第二，按学生成绩分班的制度不太可能影响学生的体验，因为它通常发生在之后的高中。[30]第三，也是最后一点，中学正在成为教授在线协作和制作等重要数字技能的时间点。[31]我通过直接联系校长获得了进入这三所学校的许可。我告知他们我的研究是一项有关学校和在学习 18
中部署数字科技大型项目的一部分。

在同一时间高效记录三所学校的学习生活意味着巨大的工作量。2013—2014 学年伊始，我开始尽可能多地访谈每所学校的教师、管理人员与后勤工作者，并轮流观察被访问教师的课堂，直到学年结束。我一般会在一所学校待上一整天（大致 6 个小时），然后再前往另一所学校待一整天。我将老师们的名字随机分配，以确保我的观察均匀地分配在每所学校。最后总计，我在三个田野点的观察时长为 600 个小时，均匀分布在三所学校中。一共访谈了 67 位教师（大致包含了每所学校 80％的教师），每个访谈持续约为 1 小时。大多数老师在学年结束时进行了第二次访谈，来探讨观察过程中出现的问题。每所学校的老师展现出在重要特征上的相似性，包括教学年限、科技培训以及教育背景（附录中包含了更多详细信息）。

作为我田野调查的一部分，我也参加了教职工会议和工作坊，以及家长一教师活动和课外的一些活动。我对教师休息室与学生的午餐区域也进行了观察。在研究的最后几个月，我在每所学校选择了一个“理想型”的八年级班级，其所展现出的学校层面模式最突出，并且随机选择了一半的学生进行访谈，访谈人数为 40 人。这些访谈都发生在学校的一个房间或者教室，老师或者其他学生都听不到我们的对话。虽然这些访谈与对教师和工作人员的访谈相比，其样本只是代表了一小部分的学生群体，但这种采样方法使我能与班级中最符合我在学校层面所发现主题的青少年进行对话。

老师们通常开始时会表达出一些担忧，觉得自己不是课堂科技使用的最好的范例。但事实上，每所学校的老师在科技技能上展现出相似的水平范围：从新手到专家。当我向老师们介绍自己
19 时，我会说我自己是“技术发烧友”，但我认为以往的研究者并没有做足够多的尝试去理解有关学校日常科技使用的机会和困难。这通常会很快起到破冰的作用：我了解到老师们对于数字化技术的用处有很多意见。我也会听到那些关于科技“失败”的故事，以及他们对新产品的心愿清单（“……你可以把这些告诉谷歌公司!”）。

比起学生，老师们需要我做更多的工作才能让我隐没在背景

中。最突出的瞬间应该是在课堂观察期间。我起初担心学生们对于有人看着他们会有所顾虑，但很快我意识到课堂观察在这些学校都是常规操作。在希斯克利夫和查韦斯，学生们经常来找我说话，询问我的研究，并对科技相关的话题发表自己的意见。正如我将详细讨论的，在谢尔顿与学生建立起融洽关系要更难一些。谢尔顿的老师们会让我通过时不时在教室里走动、在电脑上监控学生来参与到课堂中，那里的成年人都会如此。在任何可能的情况下，我会避免这些“监视”行为。在适当的时候，我试着把自己定位为学生的朋友，与他们交谈，找出共同的兴趣爱好，比如电子游戏。

6. 本书概览

我对教育机构中社会再生产的研究探讨了学校如何为学生创造不同现实，而不考虑年轻人的数字技能和作为创造性思想家和创新者的能力。我试图找寻在这些方面的异同：教师们为何寻求使用新技术进行学习，以及他们如何为未来培养学生。我聚焦于老师们所面临的各种困难，它们分别来自他们的学生、家庭、学区官员，以及其他老师。同时我将探寻，学生们是如何理解他们收到的关于自己作为潜在技术专家的信息的。通过跟踪老师与学生之间的信息传递，我将展现社会性力量如何在非常早期影响未来创造者和实践者
的发展路径。虽然数字工具是每所学校的重要设备，但本项目是一 20
个关于儿童娱乐的研究，以及老师们如何看待它的价值——无论是否涉及数字工具，社会系统都激活了老师们对娱乐的解读，使其成

为一种值得研究的社会学现象。

在第一章，我对本次所研究的三所学校进行了描绘和简史式介绍。虽然它们所服务的学生群体不同，但每所学校都配备了类似的最新数字科技。第二章我探索了青少年如何通过与同龄人的线上娱乐性活动发展数字技能，以及三所学校如何以不同方式看待这些技能。老师们规训娱乐，但方式和有效性十分不同。工人阶级和少数族裔学生的数字化娱乐被认为对学习无关紧要或者具有威胁性，然而具有优势的白人学生的数字化娱乐方式能够被转化为有利于学业成就的文化资本。老师们也会把流行的青少年数字文化纳入他们的课堂中……但仅仅是在具有优势地位的学生中，以使得学校看上去走在时代前列。

在第三章中，我探讨了老师们规训取向的来源，将老师们带到学校的观念与周遭环境置于他们身上的规范联系起来。这些联系增强了教育实践，导致了上面提到的对学生创新进行规训的方式。第四章从教学实践来源的问题转到它们对学生意识的影响。我将阐明学生们如何讲述他们在初中的体验，包括他们如何理解前面提到的来自老师的信息。我也将详细说明，青少年如何反抗或者遵从老师们的期望。通过这些挖掘出学校如何塑造学业学习和线上娱乐之间的关系。最终，我展现了学校如何塑造孩子们校内外的线上行为，及其将如何影响他们在之后人生中成功的机会。

在结论部分，我重新审视了这一普遍性问题：教育机构对数字技术的价值想象和后续使用的影响。总的来说，我发现了文化现象

如何激发数字技术教学，后者以不同的方式将学生塑造成未来的创
新者。我以由这些发现引发的可能干预方式作为结尾，这些干预针 21
对教学实践和学习科技设计，以期增加青少年以更平等的方式看见
和发挥他们线上线下创造力的机会。本书通过研究师生互动时娱乐
的展现方式，来展现娱乐所包含的潜在价值。

第一章

科技相似，学校不同

学校民族志研究者通常对头几次探访记忆深刻。虽然有关教育 22
科技的研究还是一个较新领域，但起初几次探访我还是准备了一些研究假设。这些假设来自一百多年的教育社会学研究。研究者们普遍认为，种族与阶层可以有效预测学业成就。这一现象的成因众多，但一般包括以下因素：社区环境、学校资源，以及教学方式。虽然本项研究中的学校都拥有高质量的教育科技设备，也都声明了它们被融入教学中的既定使命，但社会学思维让我产生这样的预期：在并不富裕的少数族裔学生集中的学校里，数字技术大概与镇纸一般无用。

可我错了。穿行在凯撒·查韦斯中学的教学楼间（这本是一所主要服务于工人阶级拉美裔青少年的学校），我看到数字技术几乎无所不在。学生和老师们都正在积极地使用它们。几乎每个教室都配备了交互式白板。iPad 推车经常放在教室外面，或者正在桌上被学生们使用。老师们向我展示了在课上与放学后经常使用的线上系统，它们是用来与学生们交流作业或者回答他们的问题的。“很多跟我们类似的学校并没有这些资源，”布莱恩特女士解释道，她是这所学校的科技主管，“我们认为自己是十分幸运的，也真的相信技术能够帮助这些孩子为未来做好准备。”

尤其令人惊讶的是，30 英里①以外的希斯克利夫中学，一所主 23
要招收白人富裕学生的私立学校，在技术饱和度与数字化视野方面与凯撒·查韦斯是如此相似。“我的意思是，这是未来的趋势，”学校技术融合主管克鲁斯先生解释道，“不将科技融合进学校就等于

① 1英里约合 1.6 千米。——译注

没有教导学生适应 21 世纪的需求。这是我们确保他们日后成功的方式。”与查韦斯相似，希斯克利夫为学生们配备了 iPad。这两所学校共享一系列教学使命，旨在教授学生如信息检索、网站创建、编程等数字技能。他们也都购买了课堂管理与教学的最新教育类软件。如果一位教学专家向这两所学校的老师和学生发放调查问卷，他/她将欣喜地发现，虽然学生们在种族和社会经济背景方面存在差异，但学校之间在技术可用性和数字化教学方面的差距似乎并不存在。

但调查问卷只是对现象的粗略测量。问卷适用于大规模分析，却无法系统性地描述当地的日常生活。在长达一学年的研究过程中，我对每一所学校的课堂生活进行了观察。我敏锐地意识到学校成员谈论数字科技前景时的差异，以及他们在使用数字工具的实践中所采取的不同方式。

例如，在希斯克利夫，iPad 被用于线上交流与合作，将朋友与家人的照片视频融入课堂作业，甚至有时学生可以根据自己的兴趣调整作业方式。而在查韦斯，这些活动与所谓“基础技能”相比是毫无价值的。“基础技能”，即程式化、毫无创造性的数字化劳动，主要包括：在线上使用正确的语法，搜寻线上媒体但不进行创作，完成提前布置的，但并不会根据学生的数字化体验想法来调整的数字化作业。

这些差异也体现在对普通工具的使用上。虽然每所学校的学生都爱玩《我的世界》（*Minecraft*），一个以创造力为中心的电子游戏，但只有希斯克利夫中学的学生被允许偶尔用电子游戏创作来替代一项写作作业。看上去孩子们的数字化娱乐在不同学校会获得不同的回报。年轻人的数字化创造力——被 21 世纪的当代成功叙事如此赞赏的创新潜能——在希斯克利夫是老师对学生的要求，在查韦斯却被否定。

究竟怎么回事？数字科技无疑融入了这项研究涉及的每一所中 24
学的教学中，但有研究表明平板电脑、手提电脑以及其他设备本身并不能战胜日常生活的特殊性。事实上，虽然每所学校都配备了相似的科技用于教学活动，他们对科技使用的看法却是十分不同的。这与有些人所称的“技术决定论”，即技术的存在本身就会产生结构性的影响，形成鲜明对比。[1]这一思路将技术描绘为学校间各项成就差距的统一“*解决方法*”或者“*阻碍*”，而没有考虑技术会以不同的方式被采用及其背后的原因。

在 1980 年代和 1990 年代，学校将电脑用于教学。[2]教育研究者们和大众媒体都认为这些设备的存在会对课堂产生内在的影响，但并没有考虑一些人为的因素会影响这些设备的采用。这项研究中的教师和管理者们也表达了关于在学校使用数字科技的相似或相同的说法：无论如何，数字科技必须融入课堂中；学生们在学校的成功需要数字技能；以及数字技能一定会帮助学生们在 21 世纪经济中获得成功。

这里，社会学家也许能够解释为何技术在不同学校以不同方式使用。制度性因素也许会塑造出不同的教学方式。一个常见的论点是，学生们来到学校时，不同家庭背景给予了他们不平等的优势，例如在一些技能上的优势。我将在下一章中深入探讨这一点，并提出反对意见：这项研究中几乎所有青少年都拥有一系列基础数字技能（这是全国范围内由青少年主导的数字技术采用的一个有趣例证），但这些相似的技能依然被学校以不同的方式对待。我将探索的另一项社会学研究则聚焦于机构在为其成员构建社会现实中发挥的强大作用。[3]社会再生产理论家认为，学校以不同方式向学生施加一系列非正式期待，从而再生产出基于阶层（阶级）的不平等现
25 象。他们认为，教师们对学生群体在劳动力市场的前景持有相似的观念，并通过“规训”的方式在教学中实践这些观念。这里的规训并不单指纠正学生的错误行为，而是一种社会化的制度性过程。学生们在此过程中习得合适的行为，并将社会规范内化于心。[4]

社会再生产理论从马克思主义立场出发，研究儿童的创造力如何被控制和培养，从而导致其未来不同的劳动力市场结果。规训，从这个意义上说，是控制儿童创造力中“威胁性”潜力的方式。这种威胁性在于孩子们在多大程度上被允许拥有能实质性地改变课堂生活的新想法。研究表明，教师通过贬低少数族裔学生带到学校的文化形式，系统性地限制他们的潜能，因为这些文化形式并不符合规范性的期望。在一项研究中，安吉拉·瓦伦苏艾拉（Angela Valenzuela）发现，学生身上受到墨西哥文化影响的痕迹，例如西班牙语、西班牙语发音的名字以及受到墨西哥学校青睐的学习方法，在美国学校中都被视为对学习成绩是毫无用处的。[5]在另一项研究中，普鲁登斯·卡特（Prudence Carter）同样发现，工人阶级黑人与拉美裔学生的文化风格和兴趣在学校被老师们贬低。[6]因此，这些孩子承担了适应中产阶级白人制度性期望的重担，而这些期望

与他们作为学习者的潜力的关系并不大。另一个例子是，帕特里夏·麦克唐纳（Patricia M. McDonough）在研究中发现，辅导咨询人员会建议工人阶级高中生申请工人阶级的工作，而他们会指导中产或者上中产阶级的高中生申请大学。[7]老师们的教学实践因此会被有关学生及其潜能的“集体共识”所塑造。这种逻辑可能会塑造出取决于学校学生群体的相似科技的不同价值与用途。

因此，记录下每所中学的“集体共识”，并将这些不同的逻辑与教学实践相结合，成为民族志式的任务。老师们如何构建数字技术的价值？学校又如何以不同方式使用数字技术？

三所中学 *26*

多年来，社会再生产理论遭到了一系列批评，这其中许多批评是有道理的。作为马克思主义思想的直接延伸，许多社会再生产相关研究几乎只关注社会阶层以及财富的不平等分配。而一些当代作品则说明，学校其实在不经意间构成了一个支配的*矩阵*。在这个矩阵中，种族、性别、性取向、残疾等身份地位与教学过程紧密相关，从而让学生们走向不平等的劳动力市场结果。在这本书中，我主要关注种族与社会阶层的交叉性，力图合理使用这些文献。我会偶尔间接性地提到性别如何在我的研究中发挥作用，但并没有充分展开。性别、性取向，以及其他交叉性要素，也是全面了解数字教育与不平等的关键性因素。我恳请同领域的研究者们能够在工作中弥补这些研究缺口。

比较式民族志研究的核心优点之一是，可以描绘出在学校使用数字技术的挑战与机遇，同时考虑到许多其他据说会影响技术使用的因素。我特别选择了那些教育技术广泛普及、管理者致力于在财政和程序上支持课堂技术使用的学校。每所学校的老师在培训与科技技能上也都不相上下（附录中包含了对老师情况更详细的介绍）。幸运的是，在我研究期间，老师们甚至表示标准化测试并不是一个制约因素。加利福尼亚州当时正在推广一项新的电子化测试。老师们说这次推广是一段调试时期，因为没有人会期待为学生准备一场没有人见过的测试。

我在这里为教育和技术研究做出的另一个方法论贡献是，尽管本研究中的每所学校都对课堂技术做出了类似的承诺，但学生群体
27 却因种族和社会阶层而有所不同（见表 2.1）。希斯克利夫是一所私立中学，学生群体以富裕白人为主。谢尔顿初中则是一所主要由中产亚裔学生组成的公立初中。凯撒·查韦斯中学所服务的学生群体主要为工人阶级拉美裔学生。这些差异使得我能够探明学生的种族与阶层何时，以及为何，塑造对学校数字化技术的建构和使用。

尽管学校在数字技术的使用与培训方面存在相似之处，且它们普遍缺乏州级测试的压力，数字工具被使用的方式和目的却各不相同。正如我将在本章以及本书中阐述的，社会性因素导致了学校对相似技术的模式化但又不尽相同的使用。在这些具有相似技术可用性、对科技融合有相似的制度性承诺以及教师技能相似的学校中，每所学校根深蒂固的规范与习惯以不同方式建构起了关于数字科技价值的意义之网。因此，本项研究中来自不同种族与阶层背景的学

生群体在使用相似的数字工具时，有着相当不同的教育体验。

技术交流：数字科技与教育前景

在教师访谈初期，我询问他们如何看待科技在学校教育中的角色。“你只需要看看萨尔曼·可汗（Salman Khan）——哇，我就十分着迷！”菲力昂女士说道，她是查韦斯的六年级数学老师，“他彻底改变了学校的教学方式。科技是这些孩子进入好学校、将来找到好工作的关键。”

在我刚开始田野工作时，可汗学院（Khan Academy）正在我调查的老师中风靡一时。萨尔曼·可汗在 2006 年成立了这个非营利组织，旨在开发视频教程，帮助小学生们解决数学或者科学科目的普通作业中遇到的困难。当我与老师们交流科技对于教学的价值时，他的名字时常会出现。“我的意思是，不言而喻，只要有机会，我们就会使用可汗学院，”莱里女士解释道，她是谢尔顿初中教授六
年级语言艺术课的老师，“老师们知道的东西有限，这是让孩子们自 28
主学习、更上一层楼的好方法。这也是为他们的未来做好准备。”

每所小学的老师们都引用可汗先生以及他的作品，说明技术能改善教育的前景。“我们其实还请过萨尔曼来演讲。”克拉马女士说道，她在希斯克利夫教授八年级科学课。我了解到最近希斯克利夫邀请了可汗学院的 CEO 来演讲，向老师和学生们讲述了技术之于学习的强大能力。克拉马女士说：“他真是棒极了。这些在网上能够获取的东西帮助我们和学生们朝着正确的方向发展。”

数字学习工具的前景不仅在教师群体中，而且在教育改革与数字素养的研究中，都占有相当重要的地位。随着学校越来越多地使用数字技术进行教学，研究者们开始关注向学生传授数字技能的重要性，以便他们能够在网上查找信息，从而根据自己的节奏自主学习。这三所学校的老师对于数字学习工具的重要性都持有类似神话式的三重看法：在常规课堂实践中融入技术无论如何都是好的；数字工具对于能带来积极学习成果的教学法至关重要；数字工具对于提高学生在 21 世纪就业的概率至关重要。老师们将可汗学院视为帮助学生实现学习目标的一种数字化方式，萨尔曼本人则是老师们和学生们的灵感来源。

在反思技术在课堂中的作用时，每所学校的教师都认为有必要整合数字技术，以便为学生提供适当的教育。“我原来工作的学校里，教室里只有一台 1990 年代的电脑。它被放在角落里，从来没有被使用，”麦克唐纳女士说道，她是谢尔顿的七年级语言艺术老师，“我的意思是，这多尴尬！技术必须被*融合*才能发挥效果；它应该是你每堂课教学方式的一部分。”老师们都强调，技术应当与学习相融合，也就是说技术应当被纳入日常教学实践当中。“每一门课，每一天，”菲利浦先生直白地说道，他是希斯
29 克利夫的一名七年级社会研究老师，“为了让教学有效，为了让技术有效，我们必须把技术融入课程中。这样科技就能发挥它应该起到的作用，来帮助这些孩子。”教师可以通过某种方式将技术纳入课程中，并定期进行相关活动，从而确保技术在帮助学生学习方面充分发挥作用。“我的意思是，想想我们平时在日常生活中使

用科技的各种方式。为什么学校要被排除呢?”安德伍德女士问道，她是查韦斯的八年级数学教师，“在今天这个时代，想要让学校对孩子们有益，就必须纳入科技，就像我们在别处做的一样。”每所学校的老师都将科技的价值视为学校教育至关重要的一部分。

老师们将数字科技融合视为至关重要的原因之一是，它能够在教学方法上发挥作用。老师们认为，数字科技对几乎每一门学科的优质教学实践都是必不可少的。“我的天，千万别让我说起数字科技，”乌尔曼女士说道，她是谢尔顿七年级历史老师，“数字科技有无数种方法可以帮助历史学习。我是想说，如今你必须知道如何使用谷歌来搜寻和学习任何事情——比如波斯战争。”乌尔曼女士，以及其他教授各种学科的老师，都描述了使用互联网来辅助教学的强大功能。“个性化的学习也是十分重要的，科技在这方面帮助很大，”哈根先生解释道，他是查韦斯一名六年级科学老师，“我们使用一些软件或者网站，根据学生的水平给他们布置作业。这样我们当下就能知道学生的情况，确保他们的作业是有挑战性的。”当被问到数字科技对学校教育的价值时，每所学校都有许多老师提到个性化学习，认为学生们都有个体化的需求需要被满足，这样才能帮助他们实现学业上的成功。“我的意思是，个性化学习是一个一直有的话题，”克朗普先生解释道，他是谢尔顿一名八年级语言艺术老师，“但请想一想。以前从来没有任何一种工具能够让我们不仅随时都能知道学生的表现，并且能够为他们提供量身定制的难题与挑战。现在科技让我们做到了这一点。”

老师们同样共享一种愿景，认为数字科技在帮助学生最终实现职业上的成功上，也是至关重要的。“老实说，现在有些学校还没有配备像平板电脑、手提电脑或者智能白板这样的东西，这简直是
30 一种罪过，”韦斯特女士说道，她是谢尔顿一名六年级的科学老师，“我们知道拥有科技有助于孩子们的未来成功。如果我们知道这一点，我们为什么不确保它在任何地方都是我们的首要任务呢？”

格蕾女士，查韦斯的一名六年级语言艺术老师，同样表达了类似的抱怨。“老实说，想到那些别的学校的孩子在他们整个受教育的过程中都没有使用过电脑，会让我感到心碎，”她悲伤地说道，“这就像我们国家决定把这些孩子直接送到街上一样。”每所学校的老师都表达了一种共同的哲学观念，即数字科技应当被纳入课堂生活中，从而帮助学生成长。“我们的国家应该对此感到羞愧，”莱利女士责备道，她是谢尔顿一名六年级语言艺术老师，“更多的学校需要配备我们这样的数字技术。孩子们需要这些，如果他们想要在未来成功的话。”当分享自己的想法时，老师们通常都将在学校提供与融入科技视为一种道德义务。在他们看来，在学校提供教育科技与提高学习成绩直接挂钩，也能够有效避免学生们未来在劳动力市场的失败。

每所学校的老师都表达了有关教育科技价值的相似看法。他们相信数字技术对学习至关重要，它应当被融入大多数课程中，它也是一种成功教学方式重要的一部分，而且这在道义上很重要，因为科技有助于学生在未来找到工作。这些想法与现有研究所称的*科技决定论*相类似。这种论调认为科技本身的存在能够影响特定结

果——通过科技的融合帮助学生学习；让学习更加个性化；在劳动力市场产生更好的结果。但是，老师们在日常实践中是怎样使用科技的呢？

希斯克利夫中学的入口

(*主要是富裕白人学生*)

希斯克利夫，与这项研究其他两所学校一样，拥有多种数字学
习工具。但老师们与工作人员在反思这所学校主要为富裕白人的学 31
生群体时，表达了对数字化工具更为复杂的看法。学校的科技教室
主管克鲁斯先生在说起学校推出一对一 iPad 的情况时，认为技术
的理想使用能在学生生活与学校之间架起一座桥梁：

> iPad 并非真正意义上的设备——它是一个入口。你需要的是每一个学生都有一个进入网络解决方案的入口。那是他们的教科书，他们的日程表，他们的笔记本，一种研究工具，以及观察他们生活的摄像头。它是所有这些东西。一对一并不仅仅只是交给每个人一台电脑，而是创建一个学校入口。

这种“入口 ”隐喻在希斯克利夫的教师中非常普遍。它将数字化的实体定位为观察学生生活的高效窗口。在我观察的这一年，一对一 iPad 计划 开始实施，并得到了家长和教师的广泛支持。

在课堂观察中，我发现学生们被积极地鼓励使用 iPad 来记笔记、设定日程、与老师和同学沟通，以及将它当作一个多媒体记录

仪。学生们时常举起他们的 iPad，拍照记录白板上或者讲义中的笔记。老师们也经常布置一些课堂活动，要求学生拍照记录学校或者家里的某些事，并纳入他们的课堂演讲中。例如，理查德女士在她八年级的科学课上让学生拍摄一种物质的照片，来展示元素周期表上的一项元素。罗斯女士在她的艺术课上让学生们拍摄他们自己作品集的照片。老师们鼓励学生于学校作业中使用 iPad 来制作和分享自己的媒介作品。如同别的学校的老师，希斯克利夫的老师们将数字科技视为对学习是至关重要的。但希斯克利夫的老师们还将科技视为学生家庭生活与同伴交流的入口。作为有效教学方式的一部分，这种建构鼓励学生经常创作与分享展现自己家庭生活的媒介作品。

希斯克利夫同样也要求学生们使用 iPad 上的软件，以方便学
32 生的作业与云端之间的频繁链接。这里的云端是一种网络环境，老师们可以在这里观察和参与学生们以数字为媒介的活动。利用谷歌云盘和一个文件管理应用，老师们在云盘中创建文件夹和文件，并且分享给学生们。学生们则会创建他们的文本、电子表格或者课堂演示的文档，老师们会实时观察学生们的工作，并留下批注。“这太棒了，因为我能看见他们正在做的所有出色工作，不管是在学校还是在家做的，”普莱斯女士评论在她的英语课上使用云盘时说道，“学生们习惯了老师会在他们写作业时出现，无论他们是在哪儿完成这份作业。我觉得他们挺喜欢我们就在他们身边，可以随时提供帮助。我也很欣慰看到他们正在做自己的工作！”老师们也使用基于云端的应用来协调小组项目，学生们会合作完成一个写作之类的

项目。这样使用 iPad 的方式促进了规律的沟通，也在学校日常生活中建构起老师与学生之间的一种连接感。在希斯克利夫，作为学习过程的一部分，科技融入学生与老师之间点对点的共享。

在我田野工作期间，一些大的教材出版商正在向出版电子化教科书转型，为学生提供一种互动性的、多媒体模式的学习体验。与本项研究的其他学校一样，希斯克利夫也为其课堂购买了这些教科书。有时，学校的教师在适应电子教科书和学习其各种功能方面确实会遇到困难，但我发现他们会与学生一起探讨，并向他们学习如何使用这些功能。有一次，罗森女士在六年级历史课上正使用电子教科书来教授所谓“昭昭天命”（Manifest Destiny）。我在学生的 iPad 中看到他们正在浏览一个多媒体组合，包含对“昭昭天命”的文字解释，一些表示这个概念的动态图表，以及有关这个主题的讲解视频。学生们也在积极地使用教科书中的笔记功能来标注文档的特定部分，供日后参考。在课堂中，老师们会鼓励学生在 iPad 中使用教科书的这些多媒体模式功能，包括玩游戏、看视频以及记笔记——全部都在电子教科书中完成。

老师们也会使用交互式白板来支持学校数字科技的“入口”式
方法。这里几乎所有教室都配备了触屏式电脑显示器。老师们会使 33
用特殊的记号笔在白板上面写笔记，这些笔记会被保存为一个文件并传送给学生们，供日后参考。在菲利浦先生七年级的社会研究课上，他会将上课时在白板上写的笔记保存下来，既是为了学生，也是为了自己。“它能够帮助学生们记录下我们说了些什么，”他解释道，“这也能帮助我记下来我到底当时说了些什么！”老师们也会经常邀请学生来到交互式白板前，解决数学问题，玩学习类的游戏，或者进行课堂展示。考夫曼女士在课堂活动中让学生们将自己的iPad屏幕投屏到白板上。在一堂有关使用命令的西班牙语课上，她将全班分成不同小组，让每组的一个同学将答案汇集到iPad上并向全班投屏共享。有一次一个同学不小心将自己的屏幕共享到旁边班级的屏幕上了，隔壁班级隔着墙壁传来了笑声。作为课堂活动的一部分，学生与老师经常使用交互式白板这类数字技术来进行合作与分享。这些技术的使用方式使学校成员可以跨越彼此之间的界限。

本项研究的三所学校都在使用的软件程序之一是一个线上成绩报告软件。老师们在这个软件中输入学生在课后作业、项目、测试以及考试中的分数，并且能够对分数留下评语。接着这些分数会实时分享给学生和家长。然而，只有在希斯克利夫，老师们利用了这个软件的入口功能，积极地将老师、家长、学生与学生的学习进度实时联系到了一起。“我现在可以把鲍比的分数录进去，当我点击‘提交’按钮，每个人都会收到它，”六年级的历史老师罗森女士说，“家长们甚至可以进行设置，当他们孩子的分数为某特定分数，比如是B以下时，他们就会收到邮件提示。”虽然老师们时常感叹他们的学生和家长都太以成绩为导向，但他们仍将成绩报告软件和
34 交互式白板这些科技作为连接整个学校生态系统参与者的工具。实时报告的分数能够让学生与老师展开如何提高成绩的对话。“这还挺酷的，因为它能展示你的分数，如果你有些担心，你可以给老师发消息，”一位希斯克利夫的学生科迪莉亚说，“有一次我的英语测

验成绩出来，特别差，我就给英语老师发了消息。她看见了并且和我一起过了一遍试题，我觉得非常有帮助。”成绩报告软件这样的平台针对学生成绩，将学生及他们的家长与老师联系起来，为学生进步创造出高效的方式。

虽然本项研究的三所学校都在使用一对一的学习设备和软件，但希斯克利夫对*创意性*软件的使用要远远超过其他两所学校。学生们可以使用最新的 Adobe 创意套件，包括 Dreamweaver、Illustrator 和 Photoshop。他们还利用 iMovie 和 Final Cut Pro 等视频制作软件开展活动，旨在促进学生的创意制作，鼓励学生使用软件制作有趣的内容。“这些孩子通常都有这些业余爱好，经常在家做这些东西，”克鲁斯先生在解释他们的数字化创作方式时说道，“但作为学校，我们的目的是帮助孩子找到他们热爱的东西，那些他们可能还不知道他们会爱上的东西。我们利用这些工具帮助孩子们将他们的兴趣爱好提升到另一个水平。”我从老师和学生那儿了解到，学生们确实在学校做了很多事情，比如用 Arduino 工具包设计有趣的灯光图案，甚至用学校的软件制作自己的电子游戏。老师们鼓励学生以创意为目的使用这些软件，并且会因为他们的创意而肯定他们。

希斯克利夫的老师们对数字科技的使用将学校生态系统中的成员积极组织了起来，包括老师、学生以及他们的家长。这种科技使用“入口”式的方法体现在他们如何使用 iPad、交互式白板、基于云服务的应用以及成绩报告软件上。同时，学校利用创意性软件鼓励学生成为“创造者”，将他们的兴趣爱好与学校环境联系起来。

这些实践与其他学校利用科技价值的方式形成了鲜明的对比。正如我接下来将要讨论的，在谢尔顿初中，老师们将网上公开的网络空间视为一种自上而下的监视与检查手段。

35 谢尔顿初中的监视

(主要是中产阶级亚裔学生)

我到谢尔顿初中观察的第一天，校长奥加瓦罕先生便让我参加了全体教师大会，并向大家介绍了我。这次会议在学校图书馆的办公桌边举行。图书馆位于校园主楼一片公共的区域。这里的就座区域大约能容纳 50 人，并且与图书馆的电脑室相连，那里有大约 30 台电脑。围绕着就座区域和电脑室的“墙”是一些大约六英尺[①]高的书架；正上方是一条宽敞的人行通道，连接着教室和大楼的主入口。我们开会时，路过的教职员工和学生可以旁听。在我参加的这次主题会议期间，一些学生确实经常这样做，从上面偷看会议的进行。

后来我了解到，这所学校广泛地使用了这种“开放式”教学方法。这里的大多数教室没有门，有些教室甚至没有墙。唯一的特例是校园尽头一栋最新的教学楼，围绕着一个非常开阔、景观优美的方庭而建。它一共有八间教室供八年级课堂使用。然而，即使是这些教室也都用十英尺宽的玻璃滑门而两两相连。“有时候这样上课

① 1 英尺约合 30.5 厘米。——译注

还挺难的，任何人都能走进来打断你的讲课，”七年级社会研究老师巴格比先生这样说，“但是这样很好，因为我们都能帮忙照看彼此的学生。”跟希斯克利夫和查韦斯的老师一样，谢尔顿的老师们也将科技融合视为优秀教学方式至关重要的一部分。但在实践中，他们对数字科技融合学校教育的价值有着非常不同的看法。在谢尔顿，公开与透明意味着监视。老师们对监视学生的要求也影响了他们使用数字科技教学的方式。

虽然谢尔顿也有一些 iPad 供老师们教学使用，学校在多数课
堂推出的却是一对一的 Chromebook[①] 项目。Chromebook 的特点是
主要依靠网络连接与云端服务运行。许多老师说，他们喜欢 36
Chromebook 是因为它启动速度非常快，学生的登录过程也很流畅。
而这两个事项经常在使用其他笔记本电脑时拖慢教学进度。在与谢
尔顿精通技术的老师们交流后，我意识到纯云端的笔记本电脑在用
作监视工具方面有着别样的吸引力。艺术老师肯沃斯先生向我解
释道：

> 这里的老师都会说 Chromebook 好是因为它们很快。但事实不止于此。原先那些旧笔记本电脑的硬件不仅分辨不出学生何时做了坏事，也很难告诉你是谁正在做这些事。Chromebook 则将学生做的所有事情在网上显现出来。

谢尔顿的老师使用这种监视功能对学生各式各样的网络线上行为进行控制管理。我与教师和管理人员进行了交谈，了解到他们试

---

① 搭载谷歌 Chrome OS 操作系统的笔记本电脑。——译注

图留意学生是否在与同学发短信或聊天、玩游戏、看 YouTube 或绕过学校的在线过滤器访问未经批准的线上内容。

谢尔顿在使用电子平台来规训与惩罚学生的线上行为上也下了大力气。例如，科技老师伦克先生讲述了学生们在适应学校生活时是如何经历这种监视的：

> 那天一个孩子在我的课上给他的朋友发短信。第二天我把他发送的内容打印出来，有四页纸的内容。当时他羞愧难当。但是在学校我们对他们是有责任的。一些服务器会把他们做的所有事情记录下来…他们意识不到这点。家里的 Facebook 和学校的 Facebook 是不一样的，没有人告诉他们这一点。他们会通过惨痛的教训来学到这些。

跟伦克先生一样，许多别的老师也将基于云端的学生数据作为教训学生的机会，让他们通过“惨痛的教训”来学会什么是合格的线上行为。学校的无线网因为这个目的被严格地监管。学校在网上实行白名单政策，除了预先确定的安全和有价值的特定网站外，他
37 们屏蔽了互联网上的所有内容。我曾经试图连接学校的无线网账户来完成一些我自己的工作。但每次我都需要使用一个访客账户和随机生成的密码，且这个账户只能维持 12 小时。因为顾及学校会监视我收集的调查信息，我最终决定不使用学校的无线网。除非使用自己名下的账户，否则学生都不得使用学校的无线网络。

与希斯克利夫不同，谢尔顿决定不为他们的课堂购买任何交互式白板。“我们的校长决定不购买交互式白板，因为他不想老师们一直站在教室的前面，”六年级科学老师韦斯特女士解释说，“这里

的期望是，老师们应该在学生们的课桌前走动，以确保随时知晓学生们在做些什么。”我最初以为希尔顿是因为经费问题没有购买交互式白板，后来才了解，他们是故意不购买白板，以便加强对学生的监视。没有交互式白板，老师们使用传统投影仪来展示他们的电脑屏幕。学生们也很少来到教室前面进行课堂展示。老师们使用一系列软件来进行随堂测验、考试以及考试类的课堂活动。老师们也会使用一些谷歌应用，比如谷歌文档与表格（Google Document，Google Spreadsheets），但这些应用的主要目的是让老师创建可打分的试题集，由学生们在 Chromebook 上完成。换句话说，老师们使用 Chromebook 与云端技术来复制传统的考试。

谢尔顿对数字技术的使用限制了它们开放式的网络设计。希斯克利夫的师生使用谷歌文档对写作作业进行实时或非实时的合作与反馈，而谢尔顿的老师们则将此平台的使用限制在“高风险”、参与式的活动中。“在谷歌文档中，我可以密切观察他们正输入的内容，”八年级科学老师麦克纳利先生对我说，“我能看见是谁做出的每一次编辑，谁写出的每一个字，谁又愚蠢地犯了错误。”麦克纳利先生跟谢尔顿其他老师一样，使用实时应用程序来控制线上写作以及其他形式的数字化创作。六年级的语言艺术老师奥鲁奇先生也通过要求学生在同样的谷歌文档合作项目中给对方打分，实现相似
的调节控制。“这可以帮助我弄清楚哪个学生做得好，哪个学生又 38
是在瞎折腾。”他解释说。在不使用应用程序开展小组项目时，老师们会积极寻求将程序里的同伴交流功能关掉，以便只有老师才能发送信息。

虽然谢尔顿也购买了跟希斯克利夫类似的电子教科书，谢尔顿的老师们却不遗余力地将它们当作传统教科书来使用。例如，七年级的语言艺术老师麦克唐纳女士使用电子教科书讲授有关哈莉特·塔布曼（Harriet Tubman）的课程，作为相关写作项目的一部分。每个学生都将自己的 Chromebook 上的课本翻到指定位置。“记住两个手指法则，”麦克唐纳女士跟学生们说，“当我走动的时候，你只能够用你的两根手指来滑动页面，跟着我朗读课本。”麦克唐纳女士的“两个手指法则”意味着学生们不能够打字或者使用触控板来探索课本的其他功能。学生不需要滑动屏幕的时候，她会让学生将手放在大腿上。谢尔顿的这些实践利用数字技术的一些功能，而这些功能都是与已经存在的对学生的期望相吻合的。那些现代教科书中创造性的、多媒体模式的功能则没有被使用。

与学校其他数字平台一样，谢尔顿的老师使用线上成绩报告软件的方式也旨在尽量减少学生和他们家长参与其中的机会。“我当然会等到最后一刻再把成绩放到网上去，”八年级语言艺术老师克朗普先生说，“一旦你将成绩放上去了，学生和家长就会立即给你打电话，并要你解释为什么他们没有得到最好的分数 A。这不是我教书的方式。”大多数谢尔顿的老师跟我解释说，他们使用这种推迟报告成绩的技巧来减少学生和家长与他们讨论分数的机会。“我在我的网站上说得非常清楚，不要来找我哭诉分数的事情，”七年级历史老师乌尔曼女士说，“我在课堂上已经告诉了他们所有事情，包括截止日期以及一份好作业的标准。就是这样。”当希斯克利夫的老师们使用成绩报告软件将学生与家长因课堂作业连接起来，谢尔顿的老师们则是采取一种放手的方式，不鼓励类似的互动参与。

谢尔顿的老师们将数字科技用作监视以及“传统”的教学方 39
式，例如测验与考试，与希斯克利夫形成了鲜明对比。在后者那里，数字科技被认为是对学习有价值的，能够为老师与同伴提供连接式、参与式的多媒体形态互动。因此，谢尔顿的“开放式”教学科技与希斯克利夫的“入口式”方式不同，它给什么是用来学习的科技设置了严格的界限。我们接下来将看到，在凯撒·查韦斯中学，一些同样的数字科技将被用于教授死记硬背式的技能，而不是创造力。

凯撒·查韦斯中学的基础技能

（主要是工人阶级拉美裔学生）

我在凯撒·查韦斯田野工作的第一站是学校的电脑教室，参加一个由校长和九名老师组成的科技工作小组的会议。工作小组由学校的科技教室主管布莱恩特女士和校长埃里克森先生带头组织，主要目的是确定数字技术方面的优先事项，并找到支持学校其他部门教师的方法。“我们需要在这里为技术创建一个蓝图愿景，”埃里克森先生对小组成员们说，“一旦蓝图确定了，资金就会跟上。但我们必须先搞清楚这一点。”盖勒女士，一名六年级数学老师，这时候皱起了她的眉头。“我们不能把技术当作选修课，”她铿锵有力地说道，“它必须是每天都学的。他们需要 21 世纪的技能，以便在将来找到工作。”韦伯先生，一名八年级的历史老师，点了点头。“而且我们也都知道，这些孩子会发短信，也会上照片墙（Instagram），”伍德赛德女士补充道，“但是，如果我们想帮助他们，我们就必须教给他们基本的技能，这样他们才能在高中‘生存’下来，并有希望在将来找到工作。”

随着我对老师们的访谈以及对查韦斯日常生活的观察，我见证了老师们共享一种有关教授数字科技“基础技能”的话语，这种话语又影响着他们的教学。有趣的是，查韦斯引以为傲的一系列硬件与软件教学设施与希斯克利夫的几乎一模一样。尽管查韦斯的服务对象是弱势群体，但有几个关键因素将学校之间的数字鸿沟降至最
40 低。首先，一些“技术达人”老师积极地申请基金来购买最新的设备，或者将他们自己的科技器材应用到教学中。其次，校长与科技教室主管也与学区密切合作来争取资金，用于每年为学校购买 iPad 或者笔记本电脑。另外，学区还另外聘请一位教育技术支持专家，在查韦斯和另外一所学校之间奔波，来确保他们的数字科技能够正常运行。尽管查韦斯与希斯克利夫在数字科技的配备上相差无几，但其老师们对于技术价值的看法却大相径庭。在查韦斯的老师们看来，科技并不是为创造性表达服务，而是为了培养技术岗位所需的死记硬背式的数字技能。

学校为学生们提供了一对一的科技设备，一半的学生使用 iPad，另一半学生使用 Chromebook。希斯克利夫对待科技的“入口式”方式为学生自己的生活和学校之间开启了一扇可沟通的窗户，而查韦斯对“基础技能”的强调则使教学成为一种单向的体验。比方说，虽然老师们为学生配备了交互式白板与其他设备，但

学生们往往被要求“消费”媒体内容，而不是去创造它。在七年级的科学课上，切斯先生会定期播放有关物理基础知识的动画，学生们则坐在座位上悠闲地观看。这与希斯克利夫使用白板的情况形成了鲜明对比，在那里，学生们经常通过镜像屏幕与白板进行互动。在使用笔记本电脑或者 iPad 完成课堂作业时，查韦斯的学生们会被鼓励向新的媒介形式寻求帮助，例如图片、动画或者视频，但他们并没有被要求来*创作*这些形式的媒体内容。正如我将在别的章节中详细讨论的，这是因为查韦斯的老师们不认为学生在线上的创造性潜力对工人阶级的工作有任何帮助。作为老师，他们觉得自己的职责就是为学生提供那些他们认为学生需要的技能，从而削弱了学生带到学校的数字化知识技能。

“基础技能”同样也不包括学生同伴之间的沟通，因此查韦斯为学生使用数字科技来互动设置了种种障碍。跟谢尔顿一样，查韦斯的老师们也使用谷歌文档或者电子表格，并且不允许学生们在上面互相交流。与谢尔顿不同的是，学生在网上的沟通并不被视为是 41
有威胁性的，它被认为是*无用*的。例如，七年级语言艺术老师恩波利女士的学生在写作作业中使用谷歌文档。“我告诉他们，不要在文档里互相聊天，”她向我解释道，“这倒不是什么十恶不赦的事情，只是这完全不会帮助他们的写作。聊天是一种分散精力的事情。”老师通常会将学习软件中的聊天功能关闭，或者至少将聊天之于正进行的课堂活动的价值降到最低。

虽然查韦斯的硬件设备与希斯克利夫的没有什么不同，但查韦斯并没有为学生提供希斯克利夫提供的那些创意性软件平台。希斯克利夫的学生会将打电子游戏，甚至是创作他们自己的电子游戏，作为学习体验的一部分。而在查韦斯，电子游戏则被认为是轻浮的分心行为。在科技教室里，只有很少的游戏，包括一个打字游戏和一个编程游戏 Scratch。这两种游戏是被批准可以打的，因为它们符合学校的“基础技能”话语，将打字与编程理想化为十分有价值的技能。

与谢尔顿一样，查韦斯也使用数字科技来监视他们的学生。不同的是，查韦斯会密切追踪一些特定行为，作为关心学生健康状态的一种方式。这里拥有一个线上档案应用，老师们会在上面更新与共享信息，来随时了解学生的学习发展情况与心理健康状况。“我们真的很关心这些孩子，所以我们会确保信息的更新，以防有什么事情出现，”拉米雷斯女士向我解释道，“我们并不是跟踪这些学生，在他们考试成绩不好的时候来惩罚他们。这更多是为了让我们弄清楚什么方法对他们来说是最好的，同时密切留意他们家里有没有出状况。”虽然查韦斯没有为学生提供相互交流的机会，但教师们确实以他们认为最符合学生利益的方式，利用数字平台来合作与分享。老师们通常将他们的学生描述为心地善良的好孩子。本着这
42 种观念，学校有好几个无线网没有密码，也没有被监控。与谢尔顿的“白名单”政策不同，查韦斯使用的是一种“黑名单”政策。除了特定的被认为是危险的网站，互联网上的所有内容这里都可以访问。

在查韦斯，老师们使用最新的数字技术来鼓励发展学生的技能，包括打字、编程、线上研究以及数字化创作（例如线上写作）。

如果一位教学专家来到希斯克利夫和查韦斯进行问卷调查，他/她将发现两所学校间数字鸿沟不复存在，在教育研究中发现的学生们的重要数字素养上，发展也相差无几。然而，查韦斯对基础技能的重视限制了学生作为创造性生产者的发展潜力。这里不允许创意性软件的使用，包括大多数用于数字创作形式（如图片与视频）的软件。老师们同样还否定了学生之间在网上进行互相交流的价值，以及希斯克利夫所推崇的用于学习的电子游戏的价值。查韦斯的老师通过使用数字科技为学生们提供了自下而上的课程，而缺乏如希斯克利夫学生们所体验的互动式学习方式。

数字科技在学校的定位

希斯克利夫中学、谢尔顿初中，以及凯撒·查韦斯中学，都是在学校层面消除数字鸿沟的教育机构代表。它们提供了琳琅满目的最新教育科技，每所学校都为其学生配备了一对一的数字设备。老师们也都坚信数字科技融合是 21 世纪教学的关键，无论是在教学法的层面上，还是在学生未来的工作出路层面。这种思维与科技决定论的观点相似，认为只要将相似的高质量技术交到老师和学生手中，就会产生相同的结果。然而，正如我在本章中所展示的，根据学校的不同，老师们对于数字科技应用于教学的价值，有着不同的建构。这样的结果便是，他们以不同的方式在使用科技。

在希斯克利夫，老师们积极地将数字科技视为走进青年人生活的高效率“入口”。他们利用 iPad、交互式白板、云端软件甚至电

43 子游戏来增强学生们在线上合作与数字化创作中的创造性潜能。而在谢尔顿，学生们对数字科技的使用被视为一种潜在威胁；相应地，老师们利用数字科技来进行监视，并且将那些数字平台最具有创新性的功能关闭，只是使用它们来进行传统的测验与考试。查韦斯与希斯克利夫有许多相似的数字科技，他们的学生在打字、编程与创建线上文档等技能上也水平相当。然而，查韦斯强调提高数字科技的“基础技能”是最重要的需求。老师们将利用数字科技进行相互沟通、电子游戏以及创意性数字化创作的价值降到最低，而推行一种消费导向性的学习体验模式。

在下一章中，我将探讨这些对数字科技的建构如何影响老师们对学生线上娱乐的规训实践。老师们将判定学生的数字化娱乐对学习的价值。从学业成就的角度出发，他们会根据自己的看法对这些娱乐方式采取反对抑或是鼓励的措施。

第二章

规训娱乐

在奥鲁奇先生的六年级语言艺术课上，我留意到一个学生正在 44
手机上玩《我的世界》。《我的世界》是一款以数字化创作为核心的电子游戏；作为游戏的一部分，玩家需要在里面建造城镇。课上学生们正在完成一项写作任务，主题是反思刚刚阅读的一段有关古代文明的故事。这个学生提前完成了。他把手机放在书桌下的大腿上，正悄无声息地玩着。

与其他谢尔顿初中的老师一样，奥鲁奇先生正缓慢巡视教室，检查学生的作业情况。在靠近这个学生书桌时，他的眉头突然紧锁，并熟练地从学生手中夺过手机。“放学后留下来，”奥鲁奇先生说，他接着转身面对整个班级，“任何一个人如果还需要我提醒上课玩电子游戏是不允许的，那你的作业成绩将计为零分。”

仅仅两天之后，我在希斯克利夫观察菲利浦先生的七年级社会研究课。巧的是在自由学习时间，这里的学生作业也与古代文明有关。大多数同学都在使用 iPad，探索电子教材里有关这个话题的章节。然而，其中一个学生却趴在 iPad 上，在手机上打开了《我的世界》。旁边的几个同学停下手里的作业，看她在做什么。

这个场景最终引起了老师的注意。他走过来，并且加入了这群围观的孩子。“好家伙，那是什么？”菲利浦先生问。这个学生举起她的手机，指着屏幕解释说：“看！我正在修建我们刚讨论过的埃
及金字塔。”围观的一个学生指着屏幕问：“等等，这底下的地下室 45
也是你造的吗？”她摇了摇头：“还没呢，但我在修下面的隧道。”菲利浦先生站起来并且拍了拍手，以引起全班的注意：“大家先停一下。安吉拉，你能跟大家分享你正在做的吗？那真的很酷，把我

们正在学的东西联系在了一起。”

在美国，大约有74%的13～14岁青少年玩电子游戏，本项研究中的学生们也不例外。[1]我经常听到学生们闲聊电子游戏的话题，也看到学生们试图在学校使用移动设备玩游戏。田野调查期间，我敏锐地注意到在很多情况下，老师们不仅会评价学生的课业学习，也会评价他们的数字化娱乐。在刚才的例子中，两个学生都在自习时间玩电子游戏。谢尔顿的学生因为玩电子游戏而被惩罚，而希斯克利夫处理的方式表明其认为这些行为对学习是有潜在价值的。孩子们的玩耍游戏是如何融入日常课堂生活的？数字科技的繁荣究竟是否改变了课堂学习方式？又应当怎样解释谢尔顿和希斯克利夫学生的不同？

我选择研究青少年人机交互的一个原因是，在数字科技日益普及过程中，他们是率先采用数字创新技术的人群之一。今天的年轻人在数字科技的接触与使用上，达到了前所未有的程度。截至2018年，高达95%的青少年拥有一部智能手机和/或游戏机，且不同家庭收入或不同种族间情况相差无几。[2]伊藤美津子（Mizuko Ito）与她的同事对这些年轻人的网上活动提供了目前为止最为详尽的阐释。在一项有关数字青年的大规模比较式民族志研究中，他们发现青少年的数字平台使用以及线上互动，并不是为了取代青少年文化，而是作为其一种延续。[3]通过线上娱乐，年轻人们与同伴“玩耍”，并且“捣鼓”那些线上互动需要用到的数字工具。换句话说，想要参与今天的青少年文化，必须对数字工具足够熟悉和了解，尤
46 其是线上沟通、参与数字化创作的能力。在本章开头我分享的例子

中，学生们正在《我的世界》里创作数字化的城镇——玩这个游戏*需要*一些掌控数字科技的能力。

在有关数字素养的文献中，越来越多的研究显示，通过玩耍娱乐获得数字技能是孩子们为 21 世纪做好准备的绝佳机会。学者们将这个被互联网连接起来的年轻世代称为“数字青年”，并着重研究这些孩子拥有的对数字科技前所未有的接触与掌握。数字素养的研究者们认为，青少年在与同伴娱乐性的活动中习得数字技能。[4]特别是其中两项技能——线上沟通与数字化创作——都是通过在线上的不同娱乐活动中学习到的。[5]例如，孩子们通过短信与社交媒体平台相互发送信息，以进行交流。他们也会使用图片、音频以及视频剪辑软件来分享他们在大众文化中最喜爱的媒介形式，或者捣鼓线上应用中的设计与编程功能来进行娱乐化活动，例如电子游戏。虽然数字素养研究者对于何种数字化活动最有教育意义依然存在分歧，但在数字化娱乐增强孩子们的线上沟通和媒介分享的基础能力这一点上，是没有任何异议的。[6]这两项能力对于那些更高水平的数字化学习活动，即教育改革中所倡导的 21 世纪数字技能来说，是重要的前提基石。此外，一些传统上没有得到充分服务的群体，比如非洲裔与拉美裔以及低收入家庭的青少年，也有大量机会接触使用数字工具，因此我们有机会创造更加公平的竞争环境。[7]如果与同伴的玩耍游戏能够发展核心的数字技能，就能够帮助那些偏弱势的青少年在学校表现更好——因为他们在进教室之前已经掌握了一些基础。

此番有关青少年通过娱乐玩耍习得数字技能的现象，应当引起研究教育中文化不平等的社会学家们注意。[8]在这个主题的研究中，最有影响力的一种观点认为，孩子们是带着不平等的童年来到学校的，而这正是导致教育不平等最关键性的因素。根据法国社会学家皮埃尔·布迪厄的理论，数十年的研究表明，子女养育上的阶层差异能够在学业上帮助一些孩子，对另一些孩子却没有这样的帮
47 助。[9]根据这个观点，富裕家庭更加熟悉学校的期待（共享的期待正是布迪厄所称*社会场域*的一部分），并在其子女身上灌输了一系列习惯与技能（也就是布迪厄所说的孩童习得的*惯习*），而这些习惯与技能又被子女们在学校加以运用。一些被记录下来的例子有，中产阶级或者上层阶级的孩子知道何时以及如何向老师寻求帮助，展现出被学校看重的特定兴趣爱好，以及使用老师们认为对学业有益的语言方式。这些知识的传递，以及老师将其视为学业成就宝贵资源的过程，被称为文化资本。[10]

为了更好地理解布迪厄的术语，我用一个经济交易的例子来说明这个理论。富裕家庭的家长为他们的孩子提供了店主所期待的货币（即展现他们学业知识的理想形式）。当亮出这些货币时，来自富裕家庭的孩子便能获得更高的分数。来自低收入家庭的家长与教育机构联系甚少，因此他们无法根据这些习惯来教育他们的子女。此外，这种货币资源是非常稀缺的——富裕家庭会试图垄断它，通过想方设法找到这种货币或者它较新的理想化形式来保持领先。工人阶级的孩子们由于缺少这种资本，以一种系统性的方式在学校课堂里被落下。他们的家长不能提供这些孩子展现学业知识所需要的“货币”。

保罗·迪马吉奥（Paul DiMaggio）在一项研究中记录下了工人阶级学生奇迹般的成功。这些学生展现出上层阶级的品位，例如喜欢博物馆和其他高雅艺术品。他认为，消除不平等童年的办法正是重新分配知识。[11]如果我们确保工人阶级孩子同样发展出那些富裕阶层家长为其子女提供的习惯与技能，我们便能够看到劣势阶层孩子实现更多文化上的流动。孩子们在娱乐玩耍中，而非从父母那里，学会的数字技能，便提供了绝佳机会。如果不同家庭背景的年轻人，都能够学会那些在线上沟通与数字化创作中有价值的技能，那么我们应当能够看见一个相对平等的竞争环境。或者，根据我之前用到的隐喻，如果我们将合适的货币再分配到富裕与贫穷家庭的孩子手中，他们在学校的表现就应该是相当的。因此，孩子们在娱 48
乐玩耍中获得的数字技能是检验这个文化流动性假设的机会：如果孩子们带着相似的、被学校看重的线上沟通与数字化创作技能来到学校，这会对他们的学业有所帮助吗？

回到刚刚那两个有关《我的世界》的故事。我发现对孩子们的数字化娱乐——青少年从玩伴身上学会数字技能的信号——因学校不同，老师的处理方式也是不同的。这些方式不能很好地被现有文化不平等的理论所解释。首先，值得注意的是，将问题单单归结到家长养育孩子的策略问题，也就是让低收入家庭传授那些富裕家长为其子女培养的技能，实则是误读了这一理论。相反，布迪厄将矛头对准了教育*制度*：老师们评价学生学业成就所依据的标准，往往展现在富裕家庭中。虽然家长可以在孩子社会化过程中培养那些也许在学校对他们有所帮助的习惯与技能，但学校的老师们才是最终评估这些习惯与技能是否有价值的守门人。[12]换句话说，孩子们来到学校时已经知道如何使用数字科技，但老师们还需要积极地承认这些能力是对学业成就有益的*技能*(文化资本)。

不同学校以不同的方式对待孩子们的数字化娱乐，而正是这些方式决定了娱乐玩耍是否能被转化为学业成就上的文化资本。一些学校将青少年的数字技能作为有价值的文化资本来欢迎。而另一些学校则认为玩耍对真正的学习无关紧要或者会分散注意力。我认为，对这一发现最优的理论解释是社会化研究者们对所谓“规训”的变体。这一术语并不单单指对学生不好行为的纠正，更加确切地说，它描述的是一种决定什么行为是合适的并将这种规范内化到学生中的制度性过程。[13]

鲍尔斯和金蒂斯的例子生动展现了学校如何将老师们的影响融入学生对自我的建构中（一个“内在的监督者”)，这些建构反映的正是对学生基于不同阶层的期望。[14]在主要服务工人阶级学生的学校，老师们根据工人阶级的工作来培养学生；要让他们为那些死记硬背型的劳动做好准备，就必须降低除工厂车间技能以外所有东西的价值。而在主要服务于富裕家庭孩子的学校，老师们培养的是公
49 司老板；为这样的工作做准备，需要的便是鼓励学生充满创意性的冒险，以及知晓如何知人善任。老师们持续对学生传达这些信息，并塑造了他们的自我认知。这正是一个*规训过程*。你也许已经感受到这其中强调的马克思式观念了。在这个观念看来，老师的规训在本质上是对学生创造性潜能的控制，它能够为未来的工作现实做好准备。但这些规训策略会导致文化上的分层：工人阶级学生为工人

阶级工作做好准备，而富裕阶层的孩子为高收入工作做好准备。在学生能够展现他们的潜能之前，学校的社会性力量已将不平等植入学生的心理机制当中。

之前谈到那个老师是店主的隐喻，我认为它在学生的种族身份上，或者其他任何不是社会阶层的地位上，其解释力是失效的。根据已有研究，我们只能假设，如果一个工人阶级的拉美裔学生与一个工人阶级白人学生都掌握了相同的具有价值的文化资源，那么老师会相应回报给他们相同的高分数。但我认为我们对布迪厄如何思考老师评价学生潜力的标准，存在一定程度误读。社会场域，即教育机构工作人员之间的共享期待，存在一系列规范。这些规范映射出期望学生养成的习惯与技能。虽然布迪厄的研究很大程度上将重点放在了这些期望与社会阶层符号之间的联系上，但这并不是非得如此：根据制度的历史与外缘，那些期望可以与任何一套习惯、技能或者身份挂钩，只要它们属于制度中权威者们共享期望的一部分。对于研究美国文化不平等的学者来说，在我们对社会场域进行分析时，忽略教育制度与种族之间复杂交织的历史至少会对我们的理论模型造成一定程度的损害。[15]

在我们理解学校文化不平等的过程中，开始更认真对待种族问题的一种方法是了解教师如何以及为何要规训孩子们的玩耍娱乐。在研究教育中种族与移民问题的学者中，我们已经有了一些线索。普鲁登斯·卡特（Prudence Carter）在她的研究中发现，黑人青少年会从家庭及偏远社区中习得一些习惯和技能，而这些被老师们认为几乎是没有价值的。[16]因此，这些青少年只有想方设法满足家庭 50

和同伴网络的需求和期望，并适应白人中学的标准，才能取得成功。另一个例子是，安吉拉·巴伦苏埃拉（Angela Valenzuela）发现白人老师通过贬低移民学生带到学校的文化形式，来限制他们的潜力，因为这些文化形式与规范性的期待不完全一致。[17]她发现学生身上展现出的受墨西哥文化影响的文化痕迹，包括西班牙语、西班牙语发音的名字以及被墨西哥学校推崇的学习方法，在美国的学校里对学业成就是无用的。虽然这些学生的习惯与技能与老师们所期待的不同，但可以清楚看到的是，老师们的观念与一系列有关种族与移民地位的意义相关，而正是这些观念塑造了老师们的规训方式。在这个例子中，老师们相信，帮助这群孩子最好的办法是指引他们远离受到墨西哥文化影响的实践，并向当地白人式的教育期望靠拢。

我将这些研究与早期有关学校社会化的研究相结合，说明老师会根据其学生群体不同的种族与阶层背景采取不同方式来规训娱乐。老师们将有关学生种族和阶层地位的假定与预期的劳动力市场结果联系起来，然后根据这些想象的、非常不平等的路径来规训娱乐。其结果是一个社会化的过程，将关于（学校）工作与娱乐之间关系的假设内化到学生心中，从而以不同方式为学生在教育机构中使用数字技能做好准备。为富裕白人学生服务的学校逐渐意识到娱乐对学业工作是至关重要的，并据此来塑造他们的课程；在一所主要服务于中产阶级亚裔的学校中，学生们则被告知娱乐对于通过高风险考试来学习的方式是具有威胁性的；那些在一所主要服务于工人阶级拉美裔学校就读的学生则被灌输，娱乐是无关紧要的，更多的是对乏味劳动的一种缓解。对娱乐的规训是一种控制孩子们创造力的机制，它能够塑造他们的志向与习惯，并且为他们通往蓝领或者白领工作指明方向。

本章的重点在于放宽标准，扩展布迪厄的假设，即父母养育子女的实践是教育中文化再生产的唯一来源。我首先将展示本研究中 51
的学生们在与同伴的线上娱乐中，都发展出了相似的线上沟通与数字化创作的基础技能。接着我会从现有的关于文化不平等的研究出发，说明教师如何根据学生的种族和阶层，以不同方式规训孩子们从娱乐中获得的非常相似的数字技能。

数字化参与的代际相似性

与以往有关数字青年的研究一致，本项研究参与的学生，无论是在希斯克利夫、谢尔顿还是在凯撒·查韦斯，他们在科技的获得与数字平台的使用上都水平相当。他们都在线上与同伴一起从事许多不同的兴趣爱好活动。在所有被访问的学生中，97.5％在家定期使用一个或者几个最新的笔记本电脑、iPad 或者有网络连接的电子游戏系统。100％的学生能够在家和学校使用电话，拥有 iPhone 或者安卓系统智能手机的比例则为 82.5％。虽然我无法在每一所学校对有代表性的学生群体进行问卷调查，但几所学校的老师都对学生进行了一些非正式的问卷调查，得到的结果与我的数字是差不多的。

各学校学生之间硬件拥有量的差异也相当小，但有一些重要的注意事项。图 2.1 展示了查韦斯与谢尔顿被访问学生拥有智能手机的比例事实上比希斯克利夫的学生更高。只有查韦斯的一些学生报告说因为手机的价格高，需要与兄弟姐妹在家共享一些科技设备。我访问的一个查韦斯学生的手机屏幕破裂了，他说因为更换费用太高，他只能“继续忍受”。很明显，学生们在科技设备的质量与对其的使用上还存在着差距，即使是在所谓“科技乌托邦”的学校里。采访中，没有智能手机的希斯克利夫学生会说，他们的家庭故意不让他们拥有智能手机，以减少他们被网络霸凌的风险。这些中上阶层学生不被允许使用智能手机的例子，与以往报道的富裕阶层相比工人阶级表现出更多有关数字科技使用与孩童隐私焦虑是一致的。[18]但正如我将阐明的，这些差异看上去并没有影响学生们从线上娱乐中获得的线上沟通与数字化创作的基础数字技能。

52

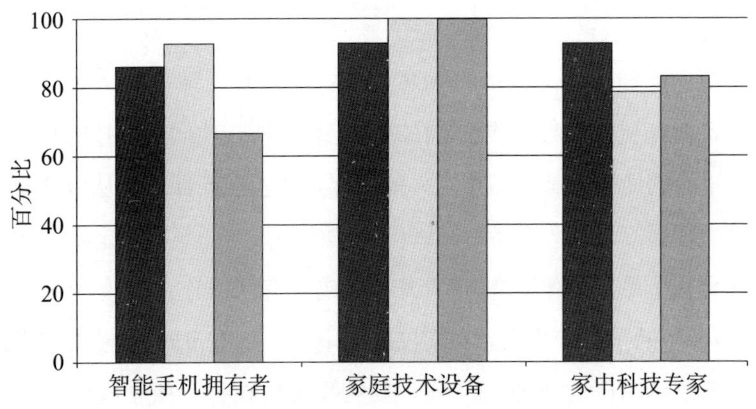

图 2.1

注：“智能手机拥有者”代表拥有一部连接互联网的 iPhone 或者安卓系统设备的学生。“家庭技术设备”指的是学生报告家中有可用的数字技术设备（iPad、电脑/笔记本电脑、连接互联网的视频游戏系统）。“家中科技专家”指学生认为自己与父母或监护人相比在数字科技的使用上更加熟练。

被访问的学生也表示，他们是家庭中最主要的科技专家，并且不是从父母那里学会如何使用数字科技的。85%被访问的学生表示他们是科技专家，查韦斯的学生在这一点上的比例比其他学校都高。当被问到他们的数字技能与其父母相比如何时，学生们经常会大笑并自信地表示他们的父母对科技知之甚少。比方说，谢尔顿的一个学生丹尼尔（15 岁，亚裔）说："我是我们家的科技达人。我爸还行，但我更厉害。"希斯克利夫的学生玛吉（13 岁，白人）也认为自己比父母在科技使用上更加在行："我知道如何使用一些我爸妈根本不知道怎么使用的程序。"在查韦斯，贝丽（14 岁，拉美裔）提到她和她的哥哥都很擅长科技使用。"他和我都是家里的技术行家，"她说，"我们会一起修电脑。"大体上来说，每所学校的 53
学生都比他们父母或监护人都要更加"技术强人"一些。他们也表示并不是从父母那里学会数字技能的。相反，他们表明，是通过青少年文化习得一系列数字技能的。

以数字技术为媒介的同伴娱乐

几乎所有学生都在与同伴娱乐性的活动中发展出数字科技技能。他们参与的活动类型和发展出的数字科技技能，与目前有关青少年数字文化研究中所描述的是一致的。我发现，青少年们享受社交媒体上的沟通与数字化创作。接下来，我会例举每所学校学生从事的活动，以此说明在青少年数字文化中的代际相似性。

研究中几乎每所学校的每一个学生都会使用社交媒体与同伴分

享文字、图片和视频等。“我在手机上会用Kik[19]和Instagram（照片墙）[20]，”查韦斯的学生安东尼（13岁，拉美裔）这样说，“我在手机上和朋友交流，了解他们正在做些什么。”希斯克利夫的科迪莉亚（14岁，白人）是社交媒体的忠实用户：“我主要上Instagram和Snapchat（色拉布）[21]。我非常爱用Snapchat，还有发短信。这是我和朋友保持联络的方式。”谢尔顿的安德鲁（13岁，拉美裔）也使用Instagram和Snapchat。“我几乎每天都在用Instagram和Snapchat，”他说道，“有时候我们会录一些显得自己很傻的视频传给对方。”学生们在社交媒体上发送的信息，使用的是各种各样的新媒介形式：在他们的手机或者家里的其他设备上创作的文字、图片与视频等内容。他们也会使用社交应用来安排活动。例如，谢尔顿的另一个学生安妮（15岁，亚裔）在社交媒体上与朋友保持联络，并安排他们的聚会：“我的朋友也会使用短信或者其他应用比如Kik来计划一些活动和线下的聚会。”有关数字化青少年的研究发现在数字化参与上，不同世代的人群有不同特征。与这一点研究发现一致，我调查的三所学校的青少年都会使用短信和其他媒介形式丰富
54 的通信应用与朋友们“玩耍”，参与到他们的同龄文化之中。这些实践有助于发展数字技能，例如数字化平台使用和在线交流的技能。[22]

学生们与朋友从事的第二项数字化活动便是数字化创作。虽然社交媒体的使用确实要求青少年们掌握在不同数字化平台沟通的能力，但数字化创作对科技知识的要求是要高许多的。例如，玛吉（13岁，白人）与她在希斯克利夫的一个朋友组队，在网上一同撰

写小说：

> 我们在一起为全国写作月（National Writing Month）写作。我们使用的是谷歌云盘！我们在谷歌文档上写，一章接一章。其中一个人写一章，另一个人再写另一章。这感觉有点奇怪，但还是成功了……我们最终完成了！

玛吉与她的朋友一起，使用数字化工具来合作撰写小说、互相编辑并提交到一个全国性的写作比赛。[23]另一种创意性创作的形式是通过计算机编程来开发软件。有几个学生会将手机“越狱”[24]，或者改动手机的功能，来运行他们自己的应用。“我把我的 iPod 越狱捣鼓了一番，”谢尔顿的学生丹尼尔（15 岁，亚裔）说道，“我进入了程序的后端。没人真的知道我这样干了。”破解和改造自己的手机对软件编程知识有一定要求。查韦斯的丹尼（13 岁，拉美裔）也破解了一些电子游戏来实现一些特殊的目标。“当我想从游戏里赚钱时，我有时会破解它，”他说，“你可以下载这个 APK[25]，游戏就会被骗过，来给你钱。这也许能帮助我，如果有一天我想变成一个黑客，或者一个程序员！谁知道呢？”学生们这些数字化创作的活动，包括线上写作与程序破解，是有关数字素养研究中被讨论最多的理想化数字技能。

数字化创作并不都需要如“越狱”一般技术化，每所学校的学生也会以发挥创造力为目的使用图片和视频编辑软件。谢尔顿的莎拉（15 岁，亚裔）热爱拍摄创作一些她充满艺术气息的照片并分享到社交媒体上：“我觉得社交媒体是极具创意的。如果想知道怎 55
么使用它，在我分享到 Instagram 之前，我需要先弄清楚如何下载正确的图片编辑程序，把照片编辑成我想要的样子。”希斯克利夫的内森（14 岁，白人）表示他喜欢制作短视频并上传到一个叫 Vine[26]的程序。“我和朋友喜欢互相录像，并且制作成一些我们觉得很有趣的短故事，”他说，“我们会上传到 Vine 上，它就像是视频版的 Instagram。我们正尝试吸引更多关注者，但目前的情况我们也是满意的。”查韦斯的理查德（14 岁，拉美裔）会与朋友们制作音乐。一些学生还会玩一些以设计为导向的游戏，例如谢尔顿的阿尔明（14 岁，拉美裔）花了很多时间玩一些创建世界类型的游戏。“我喜欢像《我的世界》那样的建造型游戏，你可以建造所有你想建的东西，”他说，“我感觉自己是在为现实生活中的房屋甚至桥梁设计建筑结构。”这些数字技能与有关新型素养文献中描述的一致，包括计算机编程与设计，以及编辑和制作音频、图片和视频等媒介形式。

尽管一些数字鸿沟可能存在，但本项研究的学生们数字科技使用水平与全国的水平大致相当，学生们也共享一系列基础的数字技能，这些技能都是通过他们的青少年文化培养起来的。接下来我会阐明当学生们将这些数字青年的文化实践带到学校后发生的事情。虽然老师们自己通常在数字科技方面并没有他们的学生在行，但他们会使用截然不同的方式来规训学生的数字技能，在不同程度上将数字化娱乐转换为对学业成就有益的文化资本。

希斯克利夫中学的下一个史蒂夫·乔布斯

虽然三所学校的老师通常都将自己描述为在数字科技上没有学

生在行，但不同学校的老师对数字技能价值有不同判断。在希斯克利夫，老师们认为学生线上兴趣爱好对学业成绩来说至少是有价值的，如果不是至关重要的话。学校的科技教室主管与技术融合主管克鲁斯先生表示科技最理想的使用方式便是在学生的生活与学校之间架起一座桥梁：

> 我总会用到史蒂夫·乔布斯的例子，他在车库里捣鼓技 56
> 术。为什么学校不能成为这个车库呢？将学校变成这个样子是有益的：学生到来，带着从自己生活里知道的东西，然后见识到各种可能性，然后说，好的，我也许在这里看到了一些我能够胜任的事，会让我变得充满激情的事。

克鲁斯先生把学生的“车库”，或者一切在课堂外从事的活动，看成是学习过程中非常重要的一部分。因此，将这些实践与学校教育结合起来是培养下一个史蒂夫·乔布斯的方式——这正是学校社会化理论中关键机制的数字化版本，这个机制推动了对富裕学生采取的规训化过程。在思考这些有关未来职业的假设如何塑造课堂中数字工具的使用时，之前提到过，在希斯克利夫，老师们对待教育中的数字技术采用的是一种“入口”方式。在描述学校的 iPad 使用时，克鲁斯先生说 iPad 是“他们的课本，他们的流程事项，一个笔记本，一项研究工具，以及一个观察他们生活的照相机……一对一并不只意味着给某人一部电脑。它是为学校创造出一个入口。”通常来说，一对一指的是教育改革中提倡的给每个学生提供学习用的科技设备，例如一台笔记本电脑或者一个 iPad。但这里克鲁斯先生将这项改革更多描述为一种提高参与的“入口”。希斯克利夫这个入口的隐喻是老师们的转化工具，让老师们意识到并积极整合学生的数字技能形式，将其作为学生在学校学习的宝贵文化资本。

希斯克利夫的其他老师也采用了这种“入口”方式，模糊了数字化娱乐与学校学习之间的界限。他们反复强调他们的学生为课堂带来许多有用的科技技能。六年级西班牙语老师考夫曼女士便提到学生们在课堂中学会使用 iPad 的速度非常快：“几乎是无缝衔接的。我说‘abran sus libros en el iPad a la pagina cincuenta’（在 iPad 上将书翻到第 50 页）。学生们便会这样做，没有任何问题。就好像他们早就知道所有事情怎么做，因为他们和朋友一起玩过这些东西了。”六年级的历史老师罗森女士同样认可了学生们从数字化娱乐中学会的科技技能：“这些孩子处在科技时代，这就是他们沟通交流的普遍方式。他们喜欢 iMovie[27]，他们会在课上自
57 己制作出非常精彩的视频。大多数学生都是十分适应的。”老师们认为学生的科技使用十分熟练，这正是一种以同伴为导向的线上参与的结果。希斯克利夫的老师和工作人员都认同这样一种理念，即学生们通过与朋友一起玩要掌握的数字技能有帮助学习的潜力。他们看见的是学生数字技能与学校学习之间的各种联系。

希斯克利夫的老师同样也将数字化娱乐融入他们的教学哲学和实践来作为教学进程的一部分。八年级语言艺术老师普莱斯女士认为她和她的学生应当将不同的技能形式结合起来，从而创造更加高效的学习体验。“对的，他们十分精通科技，因此他们当然对在学校使用这些科技非常在行。但作为一个守旧的‘数字移民’，我有责任接受他们知道的东西并在这里帮助他们。”普莱斯女士使用了

“数字原住民”（digital native）和“数字移民”（digital immigrant）这两个术语，将她的学生定位为崭露头角的技术专家，而她自己则是数字化娱乐在学校的整合者。七年级科学老师克莱姆女士也发表了学生玩电子游戏对学业有益的看法：“他们对那些熟悉的应用与程序使用得得心应手，这也的确能够帮助他们在学校的学习。我会使用很多游戏，比如我们在课上玩一款学生发现的游戏，可以帮助他们记住元素周期表。我的意思是，为什么不呢?”像克莱姆女士这样的老师认为电子游戏对于学习是有价值的。她鼓励学生探索能将这些实践与科学课结合起来的方式。希斯克利夫的艺术老师科贝尔女士反思了学生如何创造出艺术作品并在社交媒体上分享。“我有一个学生用黏土做出了一个正在冲浪的小家伙，他用手机制作了一个定格黏土动画视频，然后放到 Instagram 上与朋友分享。他们都非常喜欢。他做了一些具有创造性的事情并且想要分享出去，我觉得这是艺术创作中很重要的一部分。”对于科贝尔女士来说，学生们通过使用科技，架起跨越学校活动与数字化娱乐之间鸿沟的桥梁，创造出一种参与性更强的学习体验。因此，希斯克利夫的老师对玩耍娱乐的规训导向，是将数字化娱乐作为对学生学业成就有价值的资本。

希斯克利夫的老师要求学生将数字化形式的设备与想法融入学校学习中，从而创造出一种将数字化娱乐转化为学习资本的路径。 58
作为他们在学校训练的一部分，学生们被要求在他们的同伴面前使用数字科技来“讲述他们自己的故事”，并被提问。采访中，老师们经常开玩笑说当学生们在第一年进行这项仪式时，他们会特别紧张。按照罗森女士的话来说，他们会“站在交互式白板面前，一边哭一边谈论着自己家狗的故事”。然而随着时间推移，学生们对在同伴与老师面前讲话变得游刃有余。有关学校社会化的研究通常会忽略学校是如何培养精英阶层学生的习惯与技能的，只有极少数情况除外。我在这里的发现与早期研究类似，即学校会通过对娱乐或者说玩耍的规训方式来社会化富裕阶层的学生，使之今后从事史蒂夫·乔布斯式的工作。本质上，我观察到的是一个建构合法性的过程。学生们被要求建立起对数字化娱乐游刃有余的能力，同时也要将其视为在学校环境中是有关且重要的。

在这样的一堂课上，我观察了一群六年级学生为他们的同学和老师“讲述自己的故事”。作为一项融合了语言艺术、艺术和科技的作业的一部分，学生们被要求制作一个有关他们自己的 PowerPoint 演示文档，并在全班面前展示。他们需要在课堂之外拍摄家人或朋友的照片或者视频，并将这种新的媒介形式融入演讲中。“杰西卡，到你了！”科贝尔女士说。一位年轻女孩，双手垂在身子两侧，害羞地从她的座位起身并迅速来到教室前面。她把手里的 U 盘插进了一台连接了投影仪的电脑，很快墙上出现了一张幻灯片，上面是她与家人的合照。她还将一些网上下载的图片放到了幻灯片边缘，包括一张猫和垒球的合影。“大家好，我是杰西卡，这是，我妈妈，我爸爸，还有我。”她轻声细语地说道。“杰西卡，你表现得很好，但请大声些。”科贝尔女士说。杰西卡点击了屏幕，展示下一页幻灯片，并尝试说话更大声：“我最爱做的事情之一是打垒球！”她再次点击屏幕，一张棒球和一张棒球棍的图片出现在屏幕

上并且动了起来。棒球棍挥起击中了球，接着球飞出了屏幕外。一 59
个学生举起手问："你是怎样让球这样动起来的?"杰西卡微微一笑："我发现可以让一张幻灯片上的两张图片做不同的事，所以我让棒球棍的图自己摆动，然后让球在被击中后自己移动开。"在希斯克利夫，学生们需要练习创作自己的线上媒体，并且捣鼓那些工具来剪辑与设计课堂作业。许多学习活动如果能模糊学生自己的兴趣爱好与学业学习之间的界限，就会被认为是成功的。

除了课程安排上促进学生的创意性创作和合作，希斯克利夫还为学生提供机会，将数字化形式融入学校的特色和形象之中。例如，克莱姆女士的八年级科学课程上，学生们就一项关于环保意识的课程作业开展演讲。吉米正在屏幕前播放一段他制作的有关视频。视频里，吉米将多种形式的媒体内容结合在一起来讨论环保意识，包括他自己录制的同伴的视频，以及学校管理人员之前制作的视频。在视频剪辑过程中，他混合了一段事先录好的校长演讲视频片段（下载自学校网站）和他自己拍摄的朋友们在校园里集合捡垃圾进行回收的视频片段。他在视频中加了一首受欢迎的歌曲作为背景音乐，并且在每一位人物出场时，屏幕上会出现他们的姓名。后来我了解到，学校决定将吉米制作的视频纳入学校的宣传材料中，因为它比之前正式制作的视频获得了更多关注。希斯克利夫的老师们不仅将学生的数字技能转换为对学业成就有益的资本，而且鼓励学生自主决定*什么是*成就。吉米的视频将学校与数字化娱乐结合在一起来创造新的东西，成为学校的代表。

老师们看待学生数字化娱乐的方式，因学校不同而不同。在希

斯克利夫，老师们通过将学生的数字化文化融入学习日程中，从而规训学生的娱乐。这个结果与经典社会再生产理论的观点不同。富
60 裕阶层的学生并不是简单地被训练成来维持“企业规范”的。[28]相反，学生们也会助力于数字时代学习规范的塑造，正如吉米视频的例子所展示的。在数字科技上不太熟练的老师通过这种方式规训学生的娱乐，得益于学生的数字技能，也帮助学校更好地适应数字化时代。

谢尔顿初中的危险黑客

在希斯克利夫，学生们的数字技能被转化为对学业成就有益的资本；而在谢尔顿，老师们则积极维持数字化娱乐与学校之间的界限。他们将学生的数字化活动视为对学习的严重威胁。访谈中，希斯克利夫的老师和学生以白人为主，种族并不是一个突出的标志。但在谢尔顿老师处，有关种族和阶层的假设却是他们最关心的事情。老师们对待学生数字化娱乐的取向来源于一种共有观念，即中产阶级亚裔美国学生都是一些“无情”的成绩佼佼者。这样的观念与规训数字科技的一种做法有关，这种做法认为学生们的数字技能给予了他们一种对别人来说不公平的优势。因此，老师们只会在高风险活动与传统考试中使用数字科技，而不会在线上沟通与数字创作中教授数字技能。

谢尔顿的老师援引基于阶层与种族的刻板印象，将他们的学生建构为需要被规训的危险黑客。他们相信他们的学生很聪明，天生

擅长使用科技，因为他们是亚裔；但同时他们会带来威胁，因为是好胜好竞争的“虎妈们”（Tiger Moms）养育了他们。七年级科学老师尼斯贝特女士解释说：

> 我挺为我们这里的孩子感到难过的。他们在“虎妈”文化的熏陶中成长，很小就被教育只能拿 A，否则就是失败。这太糟糕了。但对我们老师来说这也很困难，因为他们被教得要做好所有事情，这对其他学生来说是不公平的。

对学生种族化的描述在谢尔顿十分常见，我将在下一章中探索 61
这些刻板印象的来源，即老师*为什么*要规训娱乐。这里我将主要关注这些刻板印象的结果，即老师们*如何*在学校规训学生的活动。与尼斯贝特女士一样，麦克纳利先生也表达了对他八年级学生被养育得如此关注考试的沮丧。“他们只是会考试，”他说，“在亚洲文化中，他们的生计都是考试决定的。中国的评价标准就是考试分数。我们培养的学生是不会思考、不会解决问题的，但他们很擅长考试。”

在谢尔顿，老师们讲述了家长如何给孩子施加压力，让他们在学校表现好。但我发现这些要求的内容，与希斯克利夫那些同样积极进取的家长并无不同。希斯克利夫的老师们将学生想象为下一个乔布斯；在谢尔顿，老师们共享的学生形象则依赖于对亚裔学生的种族刻板印象，认为他们是上进心强、不关心他人的人，他们聪明且为读大学奋斗，但也存在潜在的“威胁”。对数字工具的熟练掌握让亚裔学生看起来是有“威胁性”的。已有研究表明老师们将亚裔学生视为对成功有内在渴望的模范少数族裔，而我的发现是数字化娱乐在这里被视为赋予了亚裔学生一种不公平的优势。

谢尔顿的老师不仅怀疑学生从娱乐中学会的数字技能的价值，还认为这些技能对于成功的学业学习是具有威胁性的。七年级历史老师乌尔曼女士认为社交媒体是轻浮的，会分散对学习的注意力。“推特不会有益于他们的考试。脸书不会帮他们写论文。这让他们无法专注于课堂上的重要任务和家庭作业，”她说，“他们可以发短信，但他们能以 MLA 格式①打字吗？不会的。”老师们也认为，学生们在学校的数字化娱乐会导致破坏性的黑客行为，正如芬纳蒂女士之前提到的有关学生黑客行为的评论。在谢尔顿，老师们将玩耍中的行为和习得的数字技能都定位为分心之事和风险。这个发现与文化流动性的理论观点有着很大不同。这个理论认为学生只要共享相似的技能，就都能够取得成功——虽然在希斯克利夫数字化娱乐被视为是有价值的，但谢尔顿的老师却认为同样的活动对学习是有
62 威胁性的。因此，这里的老师更加青睐一些传统的制度化标准与实践，包括考试准备、论文写作，以及满足引用的要求。他们认为学生的数字化娱乐是与整体的教育使命相违背的。

谢尔顿的老师在反思他们使用数字科技的教学实践时，只有严格地控制了学生数字化娱乐的迹象，他们才会形容自己的教学是成功的。八年级语言艺术老师克朗普先生在课上花了大把力气来限制学生之间的线上沟通：

> 我使用了 Edmodo，一个类似 Facebook 的应用程序，我可

---

① Modern Language Association 格式是一种常见论文写作与引用的格式。——译注

> 以在上面为我的学生创建一个线上社区，发布作业以及批改作业。但是我禁止学生在其他学生的账号下留言。他们无法与同班同学进行沟通交流。我利用管理员特权，控制每一条评论，或者删除每一条评论。如果他们在线上问了有关作业的问题，我会收到问题的提示，然后再决定我是否会将这个问题公之于众。我认为这可以让他们更加专注于自己手头上的任务。

在谢尔顿，老师们几乎限制了所有形式的线上交流与合作，以此来确保学习的完整性。另一位麦克纳利老师说他在八年级的科学课上会主动预防学生在完成线上作业时相互交流。“脸书和照片墙不会帮助他们学习。我们学校对科技的使用是*传统的*，”他说，“我绝不会在我的课程中拥抱社交媒体。我不想放弃我所拥有的控制权，因为那样的话我就不得不同时监控这个垃圾玩意儿。我不想应付那些东西。”谢尔顿的老师用一种将数字化娱乐与学校分开的方式来建构他们的课程，并且努力将数字化娱乐从学习中剥离开来。虽然有关数字素养与当代教育改革的研究都强调了数字化娱乐对学
习的潜力——特别是它对于发展线上沟通能力的价值，但谢尔顿的 63
老师依然通过在课堂上关闭这项功能来规训玩耍和娱乐。他们没有像希斯克利夫的老师那样，将孩子的数字化娱乐转化为学业成就上的文化资本。

老师们将学生的数字技能视为风险，这种观念塑造了他们每天使用数字科技的教学实践。谢尔顿的老师经常使用数字科技来创建高风险的学习活动，让学生的数字化共享成为一种充满焦虑的体验。八年级科学老师特伦布尔女士带领全班同学上了一节有关物质

状态的课。每个学生的桌上都有一台笔记本电脑，教室前方的投影仪上展示的是在场所有学生的名单。特伦布尔女士对着她耳边的蓝牙麦克风说话，她的声音从教室四周的音响中传来。“当一个水分子处在冷水之中，它会是什么样的?”她提问道，“在你的电脑上画出来。使用触控面板。画好了点击按钮交给我。”学生们接着低头在电脑上画了起来。过了不到一分钟，教室前面的屏幕上出现了一幅分子图，上面用粗体字标出了“达莉亚”的名字。“达莉娅提交了!”特伦布尔女士大声喊道。一些学生“哦”了一声或者“啊”了一声。“她是怎么做到的?”一个学生问。“她做到了，因为她*很棒*。”特伦布尔女士回答说。接着她转过身去，从她的电脑上把达莉娅的答案消除了。“现在给我画一个*热水*里的水分子。”学生们回到自己的作业上，一分钟过后，“没人回答吗？你们这些胆小鬼。”很快，另一幅图片出现了。这一次的素描没有那么清楚，分子模型也没有完成，加粗的“艾伦”的名字显示在图片上方。“艾伦……”特伦布尔女士暂停了一会儿，“我都不知道该说些什么了。”学生们都笑了，艾伦则沉默着看向自己的电脑。“我们是不是应该把这幅画打印下来，放到墙上？你的家长在开放日那天就能看到了。谁说的八年级学生不会艺术创作!”

在这个例子中，艾伦所分享的线上创作遭遇了班级的嘲笑。在谢尔顿，教育科技被使用的方式为高风险式的学习创造了机会，如果学生回答不正确，会受到公开羞辱。同时，在希斯克利夫被看重的数字青少年文化活动，例如电子游戏、社交媒体和线上合作，在
64 谢尔顿是被严格限制的。学生们的数字技能被认为是有威胁性的，

谢尔顿的老师通过严格限制不符合老师标准的线上参与来维持在学生面前的合法性权威，希斯克利夫与谢尔顿的对比展现了教育研究中文化流动理论的不足。两所学校的学生都展现了相似的、从线上娱乐中学来的数字技能。但是老师规训娱乐的方式是不同的：谢尔顿向学生传达的信息是，他们在线上的娱乐玩耍对学业成就是有威胁性的，因此否认了它们作为于学业有益的文化资本的潜力。学校社会化理论在这里更接近我们所观察到的情况，老师们会对未来学生的劳动力市场潜力有着不同想象，这些想象微妙地决定了老师们控制学生创意性潜力的方式，从而引导他们走向有阶层差异的道路。但这绝不仅仅只是关于阶层。很明显老师们想象学生潜力的方式也被有关种族的设想左右。

凯撒·查韦斯中学的数字素养劳动

谢尔顿的老师严格控制学生们的青少年式数字娱乐，不教授学生数字技能。因此在发现查韦斯中学教授希斯克利夫学生同样在学习的许多数字技能时，我是十分吃惊的。然而，查韦斯的老师将他们的学生想象成 21 世纪的劳工，从事需要数字技能的工作。因此查韦斯通过将学生的数字技能构想为无关紧要的事情来规训娱乐，虽然老师们正在教授学校认可的互联网使用、数字化演示与基础编程等技能。

查韦斯的老师之间共享对于他们工人阶级拉美裔学生未来生活轨迹的看法，这会影响他们对数字学习工具的期望。老师们经常把

他们的学生形容为来自“破碎家庭”的“勤奋移民”。他们的家长
65 被认为是努力融入的移民，在学生教育方面十分信任老师。七年级科学老师达菲女士认为学生的数字化娱乐并不会帮助他们之后获得工人阶级的工作：

> 这些孩子在科技方面并没有天赋；那些玩电子游戏的技能也不会转化到学业中来。他们有速度很快的手机？又能怎么样呢？如果我们现实一点，就会认识到我们教的这些孩子需要的是动手工作的技能，比如如何去修好一辆新车。如果他们要学习技术，也是为了这个目的。

在查韦斯，老师们建构课堂的方式旨在传递那些他们认为对工人阶级工作有用的科技技能。不过，老师们并不认为工人阶级的工作一定得有关物质生产。六年级数学老师盖勒女士详细说道：

> 我不认为这些孩子将来毕业之后会从事管理类的工作，但是他们需要掌握一系列与以往工厂工作不同的技能。他们需要一些基础技能，比如电脑使用、研究、编程，甚至网页制作。这是这些孩子的未来。

查韦斯的老师们说他们帮助学生的方式是教给他们一些新的专业知识，例如电脑使用、网页浏览与创建甚至编程，因为他们相信这些技能会为21世纪的工厂工作做好准备。对学生出路的想象与学校社会化理论的论断十分契合，即老师们对于学生今后的就业路径持有一致的观念，并根据这种路径来社会化他们的学生。这也表明诸如种族与出生地等的其他身份地位是这些想象的关键要素。此

外，与以往研究不同，老师们并没有将工人阶级拉美裔学生视为在学业上有威胁。[29]因此，学生们的确学会了数字技能。但正如我展现的，这种建构促成了对学生数字化娱乐的规训取向，这种取向将孩子们在线上的创造性活动定义为无关紧要的。所以，虽然这些学生没有像谢尔顿的学生一样被视为是学业上的威胁，但查韦斯的老 66
师规训数字化娱乐的方式否定了将它作为学业成就上的文化资本来使用。

查韦斯的老师建构了一个清晰的界限来区分课上教的有价值的数字技能以及青少年带到学校的没那么有价值的数字化娱乐。例如，八年级历史老师韦伯先生同意学生们是“数字原住民”，但仅在将科技用于娱乐的意义上。“他们，尤其是男生，在玩电子游戏上特别棒，”他说，“但如果他们想要在高中成功、以后胜任一份工作，他们就必须得精通键盘。他们必须会进行研究、上交论文。他们并不会做这些，尽管这只是基础的技能。”在老师们看来，基础技能包含那些被学校允许的科技使用类型。他们没有将玩电子游戏视为一种具有潜在价值的活动，虽然他们承认尤其是男生，在电子游戏方面颇有优势。其他的老师也都相似地评论说，学生们在科技方面是在行的，但仅仅限于发短信或者使用社交媒体，而不是网页浏览或者研究等学术性活动。虽然之前对学生数字化娱乐的分析已经显示查韦斯的学生在与同伴一起进行线上娱乐时发展数字技能，但老师们限制了这些技能成为学业上的文化资本的机会。

当被追问学生数字化娱乐的价值时，老师们解释说虽然数字化娱乐与学校看重的学习活动是有区别的，但它不失为一种完成作业后的合适奖赏。六年级语言艺术老师格蕾女士解释说，打游戏是学生完成她布置的所有作业之后，一种大体上无害的行为。“我的意思是，这些孩子太努力了，”她叹着气说，“我并不是反对电子游戏，只是它不会帮助学生们实现他们的目标。一旦他们完成了所有工作，就可以通过游戏来发泄发泄，做一个孩子。”与希斯克利夫一样，查韦斯的学生们也学会了如网页创建和编程基础等数字技能。但是，希斯克利夫的老师们将娱乐视为同学习密不可分，而查韦斯的老师们则将玩耍娱乐视为学习的奖赏，学生们可以通过娱乐休息、做他们自己。“我的意思是，是呀，他们可以在《我的世界》里随心所欲，修建城堡或者其他别的东西，发挥创造力，”查韦斯
67 七年级语言艺术老师伍德赛德女士说，“这是孩子们在做自己，他们需要这些。如果我们老师当得好的话，那我们能够在课上教给学生们他们需要的技能，同时还能腾出时间让他们玩得开心。”在查韦斯，老师们承认玩耍娱乐是孩子们释放创造力的领域，但它们与学生在学习数字劳动需要的基础技能时所展现的创造性相比是泾渭分明的。

老师们对学生的数字化娱乐和学校看重的数字科技“基础技能”之间的区分体现在日常教学之中。我参加了由七年级语言艺术教师恩波利女士主讲的为期多周的教育价值系列课程。在课程的后两周，学生们需要在 iPad 上创建一系列文档，解释他们有关教育价值的观点。文档需要引用互联网上的文献。每堂课上，学生们用他们桌上的 iPad 独立完成工作。恩波利女士背着手在教室里走来走去，并注视着学生们的屏幕。“我知道你们喜欢像发短信一样打

字，使用符号表情或者把‘you’写成字母‘u’，”她在一堂课上说，“对你们的朋友来说这没问题，但在这里这不会给你们带来一个好的分数。”希斯克利夫的老师们想方设法将孩子们的电子游戏与社交媒体使用纳入课程中，而查韦斯的老师们不同，他们并没有融合学生自己同伴文化的特点。相反，他们习惯性地将这些数字化行为定位为与学习无关，转而强调其他技能。

与希斯克利夫和谢尔顿一样，查韦斯的一些学生也会玩《我的世界》。与其他数字化娱乐的使用一样，《我的世界》被认为对于学习基础技能没有任何帮助，但作为完成学校功课后的奖赏是合适的。一天下午，七年级科学老师切斯先生的学生们正在用自习时间完成一项实验作业。一些学生已经完成了作业，并开始玩手机，其中一个学生正在玩《我的世界》。正当切斯先生在教室里走来走去，查看有谁需要帮助时，他发现一个学生在玩《我的世界》。他笑了几声，转身对所有人说：“伙计们，我知道你们现在更愿意为晚上做好准备。”切斯先生自己也玩《我的世界》，他说的是当游戏里从白天变成黑夜时，玩家们必须建造遮蔽物来为保护自己做好准备，因为僵尸会出来。“我不想当那个扫兴的人，但在让你们玩儿之前，我需要确认你们都完成所有作业了。在你们拿出手机玩前，请举起
手来让我检查你们的作业。”与谢尔顿的老师一样，查韦斯的老师 68
并不觉得数字化娱乐具有教育意义。谢尔顿的老师将数字化娱乐视为有威胁性，而查韦斯则简单地认为它们是无关紧要的。他们将数字化娱乐视为学生繁忙工作的奖赏，相信是那些重复繁忙的工作能够让学生走向成功的道路。[30]与希斯克利夫形成鲜明对比的是，像

《我的世界》这样的游戏从来没有被当作将学生创造力融入学习、给予学生课堂主人翁意识的机会。

我同样观察了学校科技教室主管布莱恩特女士的一堂计算机编程课，她使用的是一个叫 Scratch 的软件。学生们被允许在自己的电脑上独立学习，使用 Scratch 来完成一些任务，这些任务可以帮助他们学会将屏幕上的一只猫制成动画形式。作为 Scratch 设计的一部分，学生们可以混合使用不同类型的音频或者图片，将之放进电脑程序里。“你可以自由选择任何你想要的媒体形式来完成这个任务，”布莱恩特女士下达指示说，“但请记得，结束的时候我并不关心你的海绵宝宝有多漂亮。只有解决了这个问题，你才能得到满分。”虽然查韦斯的一些活动为学生们提供了一些半结构化的机会来追随他们的兴趣，例如海绵宝宝动画片里的数字化媒体，但是老师们通过将这些兴趣处理为对学业学习无关紧要，实现对娱乐玩耍的规训。如果文化流动性理论是正确的，那我们应当期待看见具有相似数字技能的学生都能感受到他们的数字化娱乐是对教育有价值的，无论是在哪个学校。然而，查韦斯的学生被教授的是基本的数字技能。不像在希斯克利夫，查韦斯不允许他们的学生发展这些技能的创造性潜力。学校社会化理论认为学校通过老师对数字化娱乐的不同规训方式，实现社会分层。在查韦斯，老师们由于种族和阶层因素，对其学生未来的就业潜力作了一系列假设，而这些假设使得他们将工人阶级拉美裔学生的数字化娱乐规训为对学业是无关紧要的。数字化娱乐是对那些具有教育意义的数字化劳动的奖赏。在这里，数字化劳动让人联想到的是工厂车间里的地板。

在学校规训娱乐 69

科技获得上的数字鸿沟，无论是家庭还是学校之间的，都处在缩小的过程中。那些所谓的“数字青年”正在体验以数字科技为媒介的青年文化。这些数字技能在青少年世代内部的相似性，能够创造机会，将数字化文化形式转化为在学校有价值的文化资本，尤其是对那些少数族裔与工人阶级的学生来说。老师们，特别是那些在服务劣势群体学生的学校工作的老师们，目前所面临的正是将青少年带到学校的数字化娱乐纳入课程中，使其成为学习体验中一个有意义的部分，以此来促进文化上的流动性的任务。正如有关科技与教育的研究中揭示的，这样做也许可以减少已存在的不平等。

然而，社会再生产理论才能更好解释这三所科技含量丰富的中学所展现出的社会动力学。虽然每所学校的学生种族与阶层情况不同，但他们的确都掌握一系列线上沟通与数字化创作的技能，这些都是他们在线上的娱乐中学来的。但是，每所学校针对学生的数字化娱乐采取了不同的规训取向，导致不平等的再生产（见表 2.1）。

我发现老师们共享的有关学生的观念会影响他们对学生数字化娱乐采取的规训取向。这些取向因学校不同而不同，并且能够决定学生带到学校的数字技能是否能被转化为对学业成就有益的文化资本。在凯撒·查韦斯中学，相比于更加学术化的科技“基础技能”，老师们认为工人阶级拉美裔学生的数字化娱乐是毫无价值的。学生们被告知的是，他们之间的沟通、电子游戏经历以及以兴趣为导向的线上图片和视频，都与学业没有任何关系。这些学生确实也学会了数字科技，但在校期间却被教导尽量减少自己的创造性潜能开发。

在谢尔顿初中，老师的规训取向来源于这样一种构想，即学生的数字化娱乐不仅是无关紧要的，而且对学习来说还是具有威胁性的。老师们将学生数字化行为的各种迹象，包括同伴沟通、玩电子游戏以及线上创造，都视为学生使用数字科技来进行诸如黑客行动、抄袭或颠覆他们权威的信号。

70 **表 2.1　数字娱乐与学业成就的规训取向**

学校	教师取向	教学实践
希斯克利夫中学（富裕，白人）	娱乐对学业是至关重要的	学生的数字化活动被转化为对学业成就有益的文化资本
谢尔顿初中（中产，亚裔）	娱乐对学业是具有威胁性的	学生的数字化活动被大力管控，文化资本被剥夺
凯撒·查韦斯中学（工人阶级，拉美裔）	娱乐和学业是无关的	学生的数字化活动被定义为无用的，文化资本被剥夺

与查韦斯的学生一样，谢尔顿的学生的数字技能没有被转化为文化资本。相反，老师们使用数字科技来建构一个充满竞争性的学习环境。在这里，学业成就主要通过传统的考试评价来衡量。

查韦斯与谢尔顿的老师对数字化娱乐的规训取向抑制了其促进学习的能力，而希斯克利夫的老师则积极地促进数字化娱乐与工作之间的融合，并将其作为学习进程的一部分。老师们有关学生优势地位的假设，与他们对青少年具备世代特有的数字技能的期望，塑造了他们的教学实践。正是这种教学实践将学生的数字化活动转化为对学业成就有益的文化资本。老师们总是使用“车库”的比喻，让学生将车库搬到学校。他们认为学生们应当将捣鼓数字科技作为学习过程的一部分。

以上的发现表明，目前研究中有关文化不平等的故事——如果
孩子们拥有同样重要的技能，那么老师们会回报给学生们相同的好
成绩——是错误的。在本章中，我展现了这是*如何*发生的：老师们
对数字化娱乐采取不同的规训方式，因此学生们从娱乐玩耍中获得
的数字技能的效力，会因为学生种族与阶层身份的不同而不同。说 71
回之前提到的有关老师是店主的隐喻，虽然学生们拥有的可能是同
样的货币，但学校环境会决定这同样的货币是否被接受来换取教育
上的成就。在下一章中，我会展示*为什么*不同的学校—店主会以不
同方式来看待相似文化知识的价值。我将老师规训取向的来源定位
在教师种族化和阶层化的意义建构与学校的工作场所之间的动态相
互作用上。

第三章

规训取向来源

社会再生产理论认为，老师对学生未来就业情况的设想是推动 72
其规训行为的首要因素。具体来说，该理论指出，老师认为富裕阶
层的孩子将来会成为领导者，而工人阶级的孩子走向的则是工厂车
间。他们潜意识里就会根据这些不同路径来培养学生。[1]在与老师
们的访谈中，我惊讶地发现了一个奇怪的、互相矛盾的现象：老师
们会分享对少数族裔学生的多个互相矛盾的刻板印象；但在课堂与
学校的其他地方，他们展现的仅仅是其中一种。

例如，在对查韦斯七年级数学老师丽蒙女士的访谈中，我询问她目前班上的孩子情况如何。[2]“我的学生大部分是拉美裔的，他们中的大多数来自破碎的家庭，”说话间她的眼睛眯起来，满是真诚的关切之情，“但是这些孩子学习非常努力，想要在这世上立足。他们的家长在孩子教育方面非常相信我们这些老师。”后来在访谈中，当我问及她在其他学校任教的经历时，她主动提出了一个关于工人阶级拉美裔的截然不同的刻板印象。“来查韦斯之前我曾在伊利诺伊州的一所学校工作，”她一边摇头一边说，“那里的学生有太多的行为问题。主要是那些来自破碎家庭的拉美裔学生，他们的家庭有许多问题。我发誓，我们一半的精力都花在管教学生上。”

与丽蒙女士的会面仅仅几天之后，我又去了谢尔顿初中访谈八
年级语言艺术老师麦克纳利先生。我同样向他抛出了有关他目前学
生群体的问题。“你不得不小心看着他们，”他对我说，“这些亚裔 73
学生压力太大了，以至于他们会为了好成绩而抄袭或者做其他任何
事情。这都是因为他们是被‘虎妈’养育大的。”在后面的访谈中，
我让他描述在其他学校他曾经教过的学生。他在原来工作的学校，

面对相似的学生群体。“他们真的太聪明了，这是整个亚裔群体文化的事，你知道吗？行为表现也非常好。他们被叫作模范少数族裔是有原因的！”

在我询问本项研究中学生主要为白人中产阶级的老师们，如何评价他们所教的学生群体时（既包括目前工作的学校也包括原来工作的学校），我发现他们共享对少数族裔学生两种互相矛盾的观点：两种看待工人阶级拉美裔学生的方式，两种对中产阶级亚裔学生的建构。在查韦斯，老师们将其拉美裔学生形容为“友善的移民”，而其他地方的拉美裔学生，他们认为是“未来的黑帮分子”。谢尔顿的老师们用“冷酷黑客”视角来描绘他们的亚裔学生，然而他们在别处教的亚裔学生却是“模范少数族裔”。

这些刻板印象对于有关种族和移民的研究来说，算不上是新鲜事。一些定性研究展现了老师对于少数族裔学生所带假设的多样性。例如，一些研究发现白人教师采取一种家长式作风，将他们工人阶级的拉美裔学生建构为工作努力的移民；而另一些研究表明老师会对拉美裔学生产生有犯罪倾向的刻板印象。一些研究发现，教师会将充满上进心的亚裔美国人建构为模范少数族裔，或者是因为其种族背景一定会实现成功的人；然而另外一些研究却发现老师们认为这样的青少年是冷酷无情的竞争爱好者。[3]

虽然对他们的少数族裔学生展现出了一系列刻板印象，本项研究中每所学校的老师却没有对他们的白人学生产生相似的、种族化的观念。当我让他们描述其白人学生时，大多数人显得很困惑，而且不会将这些学生形容为“白人学生”，而是叫他们“学生”或者直接使用他们个体的名字。“我并不觉得作为一个白人跟这些有什么关系，”谢尔顿一位七年级老师乌尔曼女士怒气冲冲地说，“我将我的每个学生视为独立个体；这是教育他们最好的方式，针对每个人特定的需求。”当被问及他们的白人学生时，这些学校的老师会 74
说学生们都太独特了，以至于无法概括他们的情况。虽然早先在访谈中，他们刚刚对亚裔与拉美裔学生进行了概括。

本项研究的老师们究竟是从何处获得这些有关少数族裔学生的观念的？“白人性”又为何如此隐形？色盲种族主义（color-blind racism）的理论认为，当代有关种族的意识形态提供给白人一系列工具，让他们一方面“看不见肤色”，但同时继续展现非常有问题的种族主义观念与实践。这些观念和实践伤害的是少数族裔群体，让白人从中获利。[4]这种色盲种族主义的体现便是白人持有的种族刻板印象。[5]例如本研究中大多白人教师持有种族刻板印象，通常会将一整个种族群体的集体性经验（例如较差的学习成绩）施加于他们所遇到的少数族裔学生。这种刻板印象会作为一种意识形态机制运行，影响少数族裔学生受教育的方式——他们不会被作为个体来对待，而是作为一种不公平、不准确的价值的代表。

有些人也许认为，一些刻板印象，比如“模范少数族裔”或者“友善的移民”，通过以正向积极的方式描述少数族裔，能够帮助这些学生。但即使是这些“正向”的刻板印象，也依然通过文化上的种族主义，象征并且再生产出白人的色盲式的种族意识形态。诸如“模范少数族裔”这样的刻板印象，将一整个种族群体的生活经验合并成一些互不相关的观念，一概而论，而不考虑个体特征。在本项研究中，这些概括在白人中根本不存在，他们是被当作个体来对待的。另外，对于白人学生也可以被一个种族类别笼统地概括这一想法，老师们感到的是震惊与沮丧。这就制造了一个不对称性：当需要解释是好事还是坏事发生在人们身上时，“模范少数族裔”非常聪明，是因为他们的种族群体；而白人的智慧是基于他们自身的能力与努力。模范少数族裔的刻板印象向受这一“神话”影响的学生施加了过度的压力。如果这些学生不在实质上努力满足这些期待，就会觉得自己辜负了整个种族的群体形象。[6] 白人学生则不用经历这种因他们的种族身份而产生的期待。

75 总之，有关种族与族裔的研究指出白人教师间共享的色盲种族主义意识形态，导致他们对少数族裔学生产生种族化的刻板印象，并且是在一种“看不见”种族的伪装之下。当学生不在身边时，本项研究的老师们互相之间或者会跟我分享他们关于少数族裔学生冗长的故事。我发现这些故事与观念推动了他们对数字化娱乐截然不同的规训方式，而这些方式都是基于他们学生群体的种族与阶层来进行的。

然而，这些没有帮助我的地方在于，如果老师们对同一种族学生群体持有多种刻板印象，那么为什么同一批老师对他们目前所在学校的拉美裔学生产生一种“友善的移民”刻板印象，而将他们在别的学校教过的拉美裔学生形容为“罪犯”？这两种观点当然都是存在于我们的社会环境中的文化种族主义，但有关种族和种族主义的理论无法解释人们是如何在具有不同含义的种族－族裔群体的多重刻板印象之间做出判断，并仍然产生不平等结果的。[7]

解决这个困惑是本项研究中最困难的部分。我决定直接向老师们提问，他们是如何思考这些多重的、互相矛盾的有关少数族裔学生的刻板印象的。大多数老师的回答展现出同样的色盲式思维：他们否定这些刻板印象的存在，虽然他们才刚刚分享完。但是有少数的老师表明，这些观念的来源要比他们刚开始想的复杂。在对查韦斯六年级数学老师盖勒女士的访谈结尾，我告诉她现有研究预测我们会发现，一所主要服务于工人阶级拉美裔学生的学校具有更多学生行为上的问题，学校也会有更多规训式的管控措施。我问她为什么觉得查韦斯的学生，会与她曾经在其他学校教过、被她称为未来“罪犯”的学生，有所不同。她暂停下来，并说道：

> 对比其他我工作过的地方，查韦斯的人行事风格要文明得
> 多。在那些地方，老师们不仅需要直接和学生对峙，有时还会 76
> 直接对其他老师发火。以我在不同学校工作的经验，老师之间如何相处其实也是学生之间的相处方式。去年，我们的副校长把这里叫作管教上的迪士尼乐园，若与其他学生背景相似的学校比较的话。这种差别来自这所学校的老师看待学生方式的不同。在这里学生不被作为问题分子来看待，而是一群比我们在课堂上看见的那一刻有更多故事的人。这里的管理层与老师们一样，也会为学生着想。这种信任在学校流淌着。如果你将同一群孩子放到另外一些学校，他们的表现会很不一样。关键在于学生周围的环境如何。

盖勒女士的看法不仅强调了单个老师所持有的观念，也指出了老师与管理者之间关系在形塑对少数族裔学生不同观点上所扮演的

角色。对于教师*工作环境*如何影响他们对学生的观念，从而指导他们对学生数字化娱乐的规训，我们知道些什么呢？

我发现，有关组织文化的理论能够解释何时以及为何老师们会对他们的学生持有种族化的、阶层化的刻板印象。本项研究中的老师大都是中产阶级白人，他们将对少数族裔学生不同的刻板印象带到学校。同时，作为学校组织中的一员，老师们也共享着一系列关于对方的规范和期待。它们不仅能够主宰师生关系，也会影响老师之间的关系。查韦斯的老师将全体老师与管理层的关系形容为“同舟共济”；谢尔顿的老师则把他们的工作环境称为“人人为己”；希斯克利夫的老师展现的是一种精英服务者的集体期望。这些工作场所的氛围是老师们工作经历的一部分，也就是组织研究者们广义上所说的组织文化。[8]对每一个学校来说，它的社会地位能够影响其作为教育机构的制度基础：学校自身历史会形塑其中成员习以为常的观念、常规与仪式。

77 在安东尼·布莱克与芭芭拉·施耐德的作品中，他们针对教师工作环境氛围如何形塑学生的学业成就进行了也许是最为详尽的分析，并且发展出“关系式信任（relational trust）”这一概念。[9]通过使用一系列问卷来测量学校中不同层级的信任（老师—校长、老师—老师，以及老师—家长），他们发现相比于那些信任程度较弱的学校，在整体信任程度更高的小学，学生的阅读和数学成绩更好。他们认为，关系式信任作为学校成员的一种资源，能够解决日常事务问题以及适应制度上的变化，并且鼓励老师们为服务学生做得更多，从而让学生取得更好成绩。

但是，尽管他们的研究表明这种信任的存在能够使学生获得整体上的进步，但那些种族混合型的学校，或者以黑人或拉美裔学生为主的学校，老师间的信任水平显著较低。布莱克与施耐德在此将其理论进行了修正，指出“从种族角度出发来解释任何的误解和沟通不畅，都是很自然的”，这使得在这种学校工作的老师很难维持信任。[10]

根据我的阅读研究，有关教师工作环境如何以及为何形塑他们教学中的种族和阶层差异的问题，尚有许多没有得到回答。首先，我们不能假设，学校在学生种族构成上的差异会天然导致老师间的信任差异。学校及周边社区的特定历史变迁也许能够解释为什么学校会形成特定的种族构成，以及这些对学校成员来说意味着什么。我们也不能假设，在那些教师之间充满信任的地方，少数族裔学生就一定会在学校经历更少的边缘化。虽然老师之间的信任确实能够影响教学，但它并不会消除种族结构的影响，例如老师们对少数族裔学生学业能力的刻板印象。此外，尽管测量学业成就非常重要，但同样重要的是记录下学校社会化过程如何塑造学生的创新性自我价值与未来抱负。老师们的信任能够帮助学生在学业上取得进步，但这与学生相信他们的成功能够帮助他们攀爬机会之梯是不同的。这两种工作环境氛围、教师的信任以及对学生群体背景的看法（例 78
如对学生种族和阶层背景的刻板印象），究竟如何塑造老师们的日常教学实践？

基于从本项研究获得的信息，我无法准确判断老师们从何处获得有关学生种族化与阶层化的刻板印象。但是我能够展现他们是否持有这些刻板印象，以及他们在学校是如何利用这些刻板印象的。最终我想说明的是，老师们对刻板印象的选择过程，实则就是色盲种族主义的意识形态通过学校组织环境渗透到日常教学实践中的过程。在本项研究中，我发现访谈时，老师们意识到了对亚裔学生的双重建构，要么是模范少数族裔，或者是由“虎妈”培养的、冷酷无情的黑客。但希斯克利夫的老师认为他们的亚裔美国学生是前者，而谢尔顿的老师将他们视为后者。由于家长的压力，希斯克利夫的老师共享一种为精英（他们的学生）服务的取向，这样的工作环境氛围与他们所描述的模范少数族裔形象相吻合。然而，在谢尔顿，老师们由于他们的学生而共享一种威胁感，这是因为老师们将周边社区的人口变迁解释为对其种族和社会边界的侵犯。学生是威胁的观点正与他们在访谈中描述的冷酷无情的黑客形象一致。

老师们针对拉美裔学生也表达出一系列想法，要么是友善的移民或者是未来的犯罪分子。但仅仅只有查韦斯的老师将他们的拉美裔学生视为前者，而谢尔顿的老师将他们视为后者。查韦斯的老师对于学生共享一种照顾者的自我定位，是其学生在从小学过渡到中学过程中家庭化、“同舟共济”心态的延伸。这种照顾者定位与老师们在访谈中描绘的友善移民形象相吻合。然而在谢尔顿，刚刚提到的威胁取向同样适用于他们的拉美裔学生，这里的老师于是采取了孩子们是未来罪犯的刻板印象。

老师工作场所的规范，以及他们对于少数族裔学生的看法，直接影响他们对学生数字化娱乐的规训方式。谢尔顿的老师将其工作环境形容为“人人为己”，充斥着恶意、互相监控以及竞争。谢尔 79
顿的老师所处的有害的工作环境使他们产生了这种观念，即中产阶级亚裔学生都是“冷酷无情的黑客”，而拉美裔学生都是“未来的黑帮成员”。因此，谢尔顿的老师认为学生的数字化娱乐对学业存在内在威胁，并通过否定它作为学业文化资本的潜力来规训少数族裔青少年的数字化娱乐。查韦斯的老师认为自己的工作环境是“同舟共济”的，这是一个有着家庭般支持与合作氛围的环境。这种“同舟共济”式的氛围让查韦斯的老师觉得他们工人阶级拉美裔学生都是“努力工作的移民”；因此，老师们并不觉得他们的数字化娱乐是有威胁性的，而是无关紧要的。老师们将精力放在学校批准的活动上，如那些重复性的数字作业，他们相信这可以帮助他们的学生在将来找到工作，成为辛勤工作的当代工蜂。

有关“白人性”的一个有趣结果是，它的隐形使得无论哪所学校的白人学生都获得了优势。这方面的已有研究认为，白人性通常不被认为是一种种族身份或者分类，而是一种“常态”，是无声的。然而其他少数族裔的人群则以一种系统性的方式被打上烙印。白人性的隐形性被认为是复刻种族结构过程中一个关键要素，它通过日常观念强化了一种权力上的不对称性：白人的各种行为被认为是个人化的，而少数族裔的行为总被解读为是他们种族群体的代表。[11]这一点在谢尔顿和希斯克利夫这两所拥有白人学生的学校里得到了很好的体现，但却是以一种自相矛盾的方式进行的。在希斯克利夫，白人学生的成功被视为是他们自身成就，而亚裔学生的成功却是因为他们是亚裔（“模范少数族裔”）。谢尔顿亚裔和拉美裔学生的破坏行为被认为是因为他们是亚裔（“虎妈”培养的黑客）或者拉美裔（罪犯），而白人学生被忽略了或者更少地被惩罚。白人性的隐形性不仅帮助了白人学生，而且也保护他们免受少数族裔学生所面临的潜在管控。

通过探索老师的刻板印象如何以不同方式在学校与课堂发挥作用，我展示了他们的工作场所文化是如何创造出一种计算方法，据此在每个学校选择一种刻板印象的。我基于对社会再生产机制的理解，将老师们对学生种族化与阶层化看法的内容同老师工作场所文
80 化联系起来。这两部分塑造了老师们依据学生的种族与阶层背景而规训娱乐的不同方式。

老师的观念

凯撒·查韦斯中学的老师将他们主要为工人阶级拉美裔的学生群体视为友善、努力工作的移民。八年级历史老师韦伯先生说：“查韦斯基本都是拉美裔或者说西班牙裔的学生，我也可以说基本都是下中产阶级或者工人阶级。单亲家庭的比例很高，一般这种家庭中要么是父亲在监狱里，要么他们甚至不知道父亲是谁。但是，他们来到学校，是为了能有一个更好的生活。”七年级语言艺术老师恩波利女士则说：“这里很多孩子的父母是未受教育的墨西哥移民，他们只会说西班牙语。他们希望可以支持自己孩子的教育，只是不知道如何做到。”正如许多关于公立学校中拉美裔学生的看法

的文献所述，这些查韦斯白人中产阶级老师用阶层化与种族化的观念来建构他们的学生，他们对学生的描述也符合移民融合的论调，即接受教育是移民实现美国梦的方式。

谢尔顿的老师同样采用了种族与阶层视角来看待他们的学生——他们是聪明但冷酷无情的亚裔移民青少年形象。七年级语言艺术老师麦克唐纳女士解释说：

> 这里的学生通常成绩很好。大多数是亚裔，且特别擅长考试，但都称不上独立的思考者。我觉得他们对于做错事有很多恐惧，因为他们是被“虎妈”们抚养长大的。除非孩子做得特别好，她们才会让孩子出门。我们有一些有天赋的孩子已经在考 SAT 了，得分也很高。但因为他们被养育的方式，他们缺乏一些这个年纪的孩子应该有的人性。

与麦克唐纳女士一样，麦克纳利先生也表达了对他八年级学生
被教育得如此考试导向的沮丧。“他们的水平就像他们在考试中展 81
现出的，”他说，“在亚洲文化中，他们的生计指望着考试。中国的标准就是考试。我们培养的是不能思考、不能解决问题的人，但他们很会考试。”老师们也将学生的冷酷无情特质扩展到他们的严重纪律问题上。“今年我们这里出了好几次停学事件，就是因为这些亚裔学生太会使用科技了，他们黑进了我们的网络系统，”八年级科学老师芬纳蒂女士说，“一个学生黑进了老师的账户，并让老师无法登录。他们为了成绩好，什么事情都干得出来。”在谢尔顿初中，老师们援引亚裔学生种族化的一种形象，这种形象里学生们唯“考”是图，被“虎妈”们抚养长大，很聪明但同时是潜在的威胁。

谢尔顿服务的学生群体要比本研究中其他两所学校都多样化。当我问老师如何看待学校的拉美裔学生时，他们采用的是拉美裔是有威胁的刻板印象，与查韦斯的老师所认为的拉美裔学生都是移民奋斗者形成鲜明对比。谢尔顿六年级语言艺术老师里尔莉女士将她的拉美裔学生视为“难管教的”：“他们没有亚裔学生成绩好，所以他们经常会发起与亚裔学生之间的冲突。我确信他们是从家里学来的这些做法。”六年级语言艺术老师奥鲁奇先生也认为他的拉美裔学生是麻烦制造者。“这些学生，尤其是男生，攻击性比其他学生高多了，”他说，“我们的亚裔学生也许是超级超级具有竞争力的，但他们不会像拉美裔孩子一样诉诸拳头来解决问题。”查韦斯的老师将拉美裔学生视为努力工作的移民，而谢尔顿的老师都是通过一种“威胁”的视角来看待亚裔和拉美裔学生的：冷酷无情的黑客和有暴力倾向的麻烦制造者。

同时，在希斯克利夫，老师们对他们主要是白人的学生群体的描述，无外乎诸如“好孩子”“非常聪明”“来自很好的家庭”这些打趣说法。谢尔顿的老师对他们少数的白人学生也是类似说法。白人性对于老师来说并不是一种马上能识别的特征，这正与白人性是隐形的相关研究相吻合。相比之下，希斯克利夫也有少数的亚裔美国学生，老师们表现出对这些学生基于种族背景的设
82 想。“好吧，你知道人们是怎么说的，”八年级数学老师布伦戴尔先生说，“这些亚裔孩子真的很符合那个模范少数族裔的刻板印象。别的孩子可以从他们那里学到很多东西。”另一位老师盖茨先生是这样描述他音乐课上的亚裔学生的：“他们在音乐上太有天

赋了。我应该在哪里读到过，亚洲文化非常推崇音乐。这真是太好了。”能看出希斯克利夫的老师用一种友善成功者的角度看待亚裔美国学生，这与谢尔顿用威胁的视角来看待他们形成鲜明对比。

尽管老师们能够讲述很多有关目前所在学校学生的种族与阶层的故事，但在描述他们曾经工作的学校里相似背景的学生时，他们却采取了截然不同的方式。换句话说，老师们持有的刻板印象因学校不同而不同。谢尔顿的老师中有一部分曾经在别的学校也教过亚裔学生，而他们对亚裔群体的看法与希斯克利夫的老师更加相似。谢尔顿七年级科学老师尼斯贝特女士说她曾经在另一所主要服务亚裔学生的学校也工作过。“在那里我的工作是如此轻松。那些孩子真的太聪明了，”她说，“很安静，但也很聪明。我觉得那是亚洲文化的一部分，他们任何时候都会保持良好的行为。”七年级语言艺术老师麦克唐纳老师也曾在离谢尔顿车程不到三小时的一所学校工作。她说那所学校学生群体“是白人、亚裔与拉美裔的混合，但最聪明的是亚裔学生。我无法解释。他们总是知道问题的答案。也难怪他们都能够去像加州大学洛杉矶分校或者伯克利分校这样的好学校”。谢尔顿一名艺术老师肯沃斯先生回想他在州内另一所学校的经历时，提到那所学校的亚裔学生比例更高。“他们成绩这么好是因为他们的文化，”他解释说，“他们的父母是第一代移民，在其他国家成长，为了机会和教育制度来到美国。他们只是希望自己的孩子能做得更好。学生们都是好孩子。”谢尔顿的老师形容这所学校的亚裔学生是种族化的威胁；但在形容他们曾经工作过的别的学校

的亚裔学生时，他们采用的是一种非威胁性、模范少数族裔的形
83 象。我之后将会分析学校组织文化是如何塑造这些刻板印象的。这两种不同的观念很可能反映出老师们对亚裔青少年看法的全部。

与之类似，查韦斯的老师形容其他学校拉美裔学生的方式与形容目前学校此类学生的方式十分不同。例如，七年级语言艺术老师伍德赛德女士同样在另外一所以贫穷拉美裔青少年为主的学校工作过。“那是一所城里的学校；许多孩子都是拉美裔黑帮团伙成员，或者有兄弟姐妹在黑帮团伙里，”她说，“在那种地方教书就像在培养下一代黑帮成员一样。”盖勒老师也在一所城内的学校教过书：“那些孩子很多是疏于管教、看护的孩子，他们的父母来自墨西哥，或者父母中还有一个仍然在那里。”尽管老师们使用的是一种“新移民”的叙述来形容查韦斯的学生，但同样的老师，形容他们曾经在别的学校教过的学生却是未来的犯罪分子。这些老师对具有相似种族或阶层地位的学生的双重看法，很可能代表了他们对拉美裔青少年刻板印象的全部。

我同样费了很大力气来探寻老师们对白人学生的任何联想，却找不到任何可与拉美裔或亚裔学生相类似的、唾手可得的形象或刻板印象。当我让老师们形容他们为数不多的白人学生，或者他们在别处教的白人学生时，他们大多数显得很困惑，不会像在描述拉美裔或亚裔学生时一样，把他们叫作“白人学生”来组织答案。相反，他们会将白人学生称作“学生”，或者直接使用单个学生的姓名。

“我并不认为作为一个白人跟这有什么关系，”谢尔顿七年级老

师乌尔曼女士说，“我将我的学生当成个体来对待。那是教育他们最好的方式：根据他们个体化的需求。”当问及他们的白人学生时，老师们会说他们太独特了，以至于无法进行概括，虽然就在刚刚他们才以概括的方式讲述亚裔和拉美裔学生。这些发现与白人性的社 *84*
会建构相关研究一致，即白人性通常以隐形的方式运作。非白人都被种族类别所标记，因此成为白人身份这一规范式类别的*他者*。以往研究关注白人的隐形性如何创造与再生产出白人的优势与权力。而我发现，这种隐形性还可以保护白人学生，在一个少数族裔学生是大多数的学校里，免于遭受一概而论的种族刻板印象。与亚裔和拉美裔学生不同，白人学生并没有被老师们以多重种族刻板印象中的一个来看待，而是被视为成败皆因他们个体。

研究中少量的少数族裔教师有时也会与白人教师一样，分享一些有关少数族裔学生互相矛盾的刻板印象。还有一些少数族裔老师则尽量避免在访谈中与我讨论这些话题。坦白说，我并不期望少数族裔老师会马上乐意与我（一个白人男性）谈论他们学生的种族刻板印象。对哈根先生的采访揭示了这种紧张关系。他的自我认同是墨西哥裔美国人，在查韦斯教六年级科学。当我第一次让他描述查韦斯的学生群体时，他紧张起来。“马修，”他严厉地说道，眉头紧蹙，“仅仅因为他们是拉美裔，不能说明他们就是坏孩子。”他一定认为我在寻找这样的刻板印象，以使他的白人同事在学校里所持有和表达的刻板印象合理化。虽然有一些少数族裔教师与白人教师意见相左，不同意他们对少数族裔学生普遍存在的偏见，但他们仅仅是教师群体很小的一部分。[12]

而在白人教师中，大部分会分享他们关于亚裔和拉美裔学生互相矛盾的看法。这在本质上展现出他们建构少数族裔学生所用的两套观念。访谈中我会点出这两种观念间的差异并鼓励他们思考这种差异的来源。大多数情况下，老师们表示很难用语言来解释他们为什么会对学生做出如此不同的描述。一些老师会突然结巴，很快说明他们想表达的是，只有其中一种描述是对的。例如，伍德赛德女
85 士纠正道："好吧，那所学校里只有*几个*坏学生，这些孩子大多数家庭环境比较艰苦。"另一些老师并不能解释这两种差异的来源，但却坚定地认为他们这两种描述都是正确的。

目前为止的研究发现表明，老师们对拉美裔和亚裔学生的建构是多样的，同时依附于特定的社会环境。然而，白人性在每一所学校都是隐形的。请注意，一些老师深入思考后表示这些看法的来源比他们一开始想象的更加复杂：他们相信，教师工作环境氛围与他们对待学生的方式有关。接下来，我将探究每所学校情境性的氛围。在开始讨论每所学校时，我都会描述此处的工作场所氛围，这种氛围创造了一种助长特定刻板印象的环境。接着我会说明这种工作环境氛围的来源：学校近年的历史发展变化。

凯撒·查韦斯中学的"同舟共济"

对查韦斯的全体教职人员来说，把大家维系在一起的力量是所有人的"同舟共济"。这个词能够代表这所学校社交氛围的一种非官方化的模板，也反映了老师之间互相合作、教导学生的传统规

范。在一个小组访谈中，六年级数学老师菲力昂女士说："我们关心我们的孩子，希望他们做得好。我们总是在谈论我们的学生。比如，'今天强尼怎么样?'它让我们紧密相连。"拉米雷斯女士（语言艺术）同意并说："我们非常团结融洽。我们会彼此分享课程，比如，'来！先给你！我再去复印。'在有些学校，他们不会做这些。在这里，如果你对工作不保持一种开放的心态，你是会被另眼相待的！"

在对其他老师单独的访谈中，一个相似的主题频繁浮现：查韦斯的工作环境提供了一种有关合作与互助的共享目标，这创造出老师之间需要互相支持的期望。在访谈中，老师们向我解释，查韦斯氛围是"非常合作的"，并用"乐于助人"和"需要时支持彼此"来形容别的老师。

七年级语言艺术老师罗伯茨女士详细说明了这一点： 86

> 这所学校的老师们联系*非常*紧密。我会把一些需要额外补课或者留校的学生交给其他的老师；有时他们也会把学生交给我，因为他们说我能够更好地帮助这些学生。我们会做很多这样的事情。在这里你能感受到每个人都是你家庭的一部分。

这种"同舟共济"的心态支持了查韦斯的教师对分享和承诺的规范性理解。在老师们描述学校新老师的经历时，这尤其明显。七年级科学老师布希女士说，她希望她职业的开始是在查韦斯，而不是其他的地方。"我的意思是，刚开始成为一个老师非常艰难，必须学习所有东西，"她说，"在查韦斯，我们真的好像为新老师铺了红地毯一样。为他们提供建议和指导，也分享教学大纲。我们都敞开心扉，互相帮助。”一些更有经验的老师也提到了这里互相支持的文化。“几年前我的父母去世，这可能是我经历的最艰难的事情之一，”六年级语言艺术老师格蕾女士解释说，“这里的老师们带着满满的鲜花、食物向我走来，当然还有那么多的爱。他们就像是家人一样。”查韦斯的老师们形容与其他老师间的关系为家庭般的、合作的以及互相支持的。

老师们提到的家庭般“同舟共济”氛围，也体现在学校日常生活中的其他事务上。全体教师会议与午饭间的逗趣集中在寻求或者提供帮助上，来解决有关课程或他们所关心的学生的具体问题。一次午饭间，三个老师都在谈论一名叫何塞的学生，他们都表达了对他的担忧。“何塞在我（七年级）的课堂上一直表现不佳，我不知道为什么。我能看出他是一个聪明的孩子，但总是有些问题。”伍德赛德女士说。“在我（六年级）的课上还行，”拉米雷斯女士说，“但学年快结束的时候他就像你说的一样——一定是出了什么事
87 情。”菲力昂女士举起了手指说：“那正是他跟我说他父母在离婚的那段时间。我们应该去跟学校心理咨询师说一下，让这个孩子得到一些帮助。”老师之间这样的讨论在校园时常发生。他们开玩笑地将这种活动称为“分诊”。帮助其他老师解决问题，或者识别哪些学生需要帮助，分诊时常发生在正式会议或者午餐等非正式的场合。

与他们的老师一样，查韦斯的学生们也十分清楚并沉浸在学校“同舟共济”式的生活方式里。学生们将老师形容为“像家人一样”，“严格的，但也很关心人”，以及“是能够信任的人”。贝丽（14 岁，拉美裔）说：“这里的老师很享受他们的工作，这种情绪

也感染了我们。我们也很喜欢这种氛围。他们希望我们能理解。他们就像是导师一样。”卡勒（13 岁，拉美裔）解释道：“这些老师都超级好。他们就像你的爸妈一样。他们与学生十分亲近。他们几乎就像家人一般。那就是他们对待我们的方式，所以我们对他们也十分尊敬。”“同舟共济”的教学方式让老师与学生之间筑起了信任，也让学生在需要帮助的时候有信心去找老师。“他们比我之前待的学校里的老师乐于助人多了，”梅赛德斯（14 岁，拉美裔）说，“在那些学校，老师们甚至都不跟我们交流。在这里，如果你因为一个问题去找他们，他们是会做一些实事的。他们是一群你可以对之敞开心扉的人。”

这种学生与教师之间家庭式的相处并不仅仅体现在一些孤立的事件上。这种“同舟共济”很好地总结了这个特定组织内成员间所持有的一种意义系统。它主张的是一种分享与合作的期待，鼓励需要帮助的人们说出来，因为他们能够预见到回应他们的会是商量和同情。虽然老师们十分欣赏这种学校工作氛围，但达到这些期待也需要花费很多时间和精力。“要做到对学生这么好是需要花费很多功夫的!”拉米雷斯女士笑着说，“但最终这一切一定是值得的，尤其是对学生来说。”

在查韦斯，老师们对其工人阶级拉美裔学生的建构与他们在访谈中说的一致，即努力奋斗、友善的移民，这是他们学校“同舟共济”模式的延伸。例如，我在第一阶段观察了韦伯先生的八年级历
史课，当时他正开始一节有关 20 世纪工厂劳工与工作条件的新课 88
程。这堂课的正式材料包括幻灯片和分发下去的讲义，上面标注了

美国工业化过程中的不同阶段，以及厄普顿·辛克莱（Upton Sinclair）《屠场》（*The Jungle*）中的选段，讲述了工厂工人的恶劣工作环境。“今天的热身活动，”韦伯先生说，“是你的日常饮食。你的饮食习惯是什么样的？蛋白质、碳水化合物，等等……或者一周两次麦当劳？”一个学生举起手来说：“我是素食主义者！”韦伯先生点了点头：“好样的法兰克。从你吃的东西里能看出你是什么样的人。还有别的人想分享吗？”另一个同学玛丽开口说：“我妈妈时不时会做一些蔬菜。有时我会吃一些垃圾食品。还挺正常的吧，我觉得。”“谢谢你玛丽。”韦伯先生说。他看向投影仪里正展示的幻灯片，并大声读出上面的字：“如果我们是如此聪明的一个国家的国民，为什么我们还会吃一堆垃圾食品呢？”他转过身去背对着学生说：“我们来好好研究一下。今天一个墨西哥移民在食物工厂的时薪比他做别的工作会多 10 美元。那里的工作条件非常差，但他挣得更多。所以为什么他不去那里工作以照顾他的家庭呢？”韦伯先生接着播放了纪录片《快餐王国》中的一个片段，其中一个场景用扣人心弦的细节展现墨西哥工人在工作中的受伤过程。“今天的工厂工作与辛克莱在《屠场》中描述的没有什么不同，”老师说，“唯一的区别便是今天这些工人都是拉美裔或者别的国家来的移民，*就跟你们一样*。”学生们鸦雀无声。“这就是为什么，让学校帮助你们成为最好的自己，是如此重要。你们要好好学习，无论如何都要留在学校，这样才能为自己创造更好的生活。”

虽然韦伯先生今天的课程计划是讲授 20 世纪的糟糕工作条件，他却将这些材料转化为最符合拉美裔学生移民形象（努力奋斗且充

满善意）以及整个学校“同舟共济”氛围的课堂内容。当课后我向
他提问时，他的回答主要集中在他课堂的家庭氛围上：“他们很棒，
对吧？他们真的需要我们。这样的日子让人觉得当老师真好。”在
访谈中他将曾经在另一所学校教过的拉美裔学生称为“未来黑帮成
员”，但在这里，这样的形象建构是不存在的，这里的老师都将自 89
己定位为照顾者。教师们所采取的家庭式工作方式使一种友善的拉
美裔移民看法变得合适，但同时也掩盖了一种事实，即老师们对拉
美裔学生怀有另一种不太好的印象。

目前我描述了老师中间的“规范”如何塑造出一种合作式、家庭式的工作方式，并且展现了这些规范如何帮助老师从一系列关于拉美裔学生的刻板印象中选择出一种“合适”的观念。但是，这些工作场所规范来自哪里？在与学校教师和工作人员讨论学校的历史后，我了解到这对整个社区环境来说，是一条很不同寻常的轨迹。在过去的十年中，这个区域的拉美裔人口激增了 21.39%，使得拉美裔人口在社区的比例超过了一半。较少的白人人口大约占总人口的 43%，主要居住在靠近海边的区域，而拉美裔家庭居住在更靠近内陆的地方。[13]老师们将那些靠近海边、主要服务白人家庭的公立学校形容得像天堂一般，他们都将那种学校称为“海滩生活”。临海学校附近的房子，平均价格大约是 40 万美元。这个价格对于许多还生活在贫困线附近的拉美裔人口来说是无法负担的。查韦斯的社区符合加州日益普遍的隔离现象，白人和拉美裔移民生活在看上去两个截然不同的经济和社会世界中，尽管彼此之间相距不过 5 英里。

当被问到为何查韦斯会展现出服务人口相似的其他学校所没有的家庭式氛围，老师们将这种情况的差异归因到学校的成立上。六年级数学老师菲力昂女士解释说：

> 我们不到 10 年前还在一所小学工作。后来学区变得越来
> 越大，已有中学无法承担搬来这里的移民家庭。所以他们找到
> 当时那所小学的校长埃里克森先生，我们中的很多人都与他一
> 90 起在那所学校工作。他们说服了他担任这所中学的校长。我们
> 几个也离开了原来那所学校，追随他来到了这里。当然，这里
> 的学生年龄要大一些，但我们的感觉是一样的。我们未曾离开
> 过我们的家庭。

查韦斯差不多快一半的老师是跟随埃里克森先生从一所小学调过来成立这所中学的。当被问到这种合作的、“同舟共济”式工作环境时，老师们表示这都来自曾经那所小学充满支持性的氛围。

这种对查韦斯合作氛围来源的美好解读对每个人都适用吗？尽管老师们都需遵守这种合作与互相支持的规范，但关于它是如何形成的，还存在着别的观点。“他们就像‘埃里克森队’一样，面带微笑地冲了进来，”达菲女士翻了翻白眼，“别误会我的意思，德里克［校长］很棒。但那些与他一起加入这里的老师早已经是朋友了，他们给人一种‘不按照他们的方式来就得走人’的感觉。”达菲女士是这所这所中学重组前就在的科学老师。在埃里克森校长与他带来的前小学教师到来之前，她就在这里了。她将这些新老师称为“小集团”，这种氛围对管理学校增添了许多便利。“每当学校有新举措或者推出新课程时，都会让人觉得如果你不去做，就会被人

耻笑，因为你还没有完全融入其中。”安德伍德女士这样解释道。她教八年级数学，并不是之前小学教师团队的成员。“他们会让你觉得做了一些对学生们在道德上有所损害的事情，但事实上他们做的事情只是想让他们自己好看。”虽然一些教师对前小学教师们的小集团作风感到反感，但他们都表示最终他们还是会遵守学校合作与互相支持的规范。“我的意思是，我还能做些什么呢，就不帮助人了吗?”达菲女士说，“你就会看上去像个不帮助别人的混蛋。”

七年级科技老师切斯先生表示，查韦斯与以往他工作过的所有中学都不一样。“在大多数初中，老师们行事必须像警察一样，花大把精力在纪律上，”他解释说，“但这里的许多老师曾经都是与小孩子一起工作的。你不会指望前小学老师会像警察一样行事，而且 91
我们这样做也许更好。”这种家庭式方式体现在学校科技使用的方方面面。“我们知道这些学生的动机是好的，这也是为什么我们不会疯狂地阻止他们上网，或者在网上搜索他们留下的痕迹，”学校科技教室主管布莱恩特女士这样说，“我们的关注点放在教会他们所需的技能上，而不是为了错误而惩罚他们。”查韦斯的成立历史塑造了老师间“同舟共济”的工作环境氛围。这种氛围让老师们将学生视为善意的，并将他们的学生视为“友善的移民”，而不是老师们描述的其他地方的“未来犯罪分子”。

谢尔顿初中的“人人为己”

与查韦斯家庭式的组织环境形成鲜明对比，在谢尔顿，同事间如同家人的想法被当作是一个笑话。“我们确实有压力要告诉这里的每个人‘我们是一家人’，”七年级数学老师斯蒂尔女士说，“但我的想法是，如果你们真的是一家人，你们不需要广而告之。”七年级社会研究老师温博格女士则说：“这里的老师很像电影《*贱女孩*》（*Mean Girls*）里的女性。她们不让你在午餐的时候和她们坐在一起。很多时候你真的只能靠自己。这感觉就是人人为己。”

当被问及如何形容学校同事间的关系时，老师们一遍又一遍地说起他们感觉就是“人人为己”。他们形容彼此之间的关系是“专业的”，他们的工作是“朝九晚五”式的，但他们都没有尝试拉近彼此之间的距离。体育课老师潘娜女士说这里“并不完全是那种哥们儿姐们儿的关系。我在家里有自己的生活。我上班就是为了挣钱，仅此而已”。谢尔顿的老师在自己与工作之间筑起了防备。“除了与我比较亲近的几个老师外，我都尽量保持距离，”六年级语言艺术老师利瑞女士这样说，“如果你太对他们敞开心扉，他们就会利用你，或者当众批评你。”与利瑞女士说法类似，麦克纳利先生
92 认为如果有老师决定表达自己的意见，他们必须很小心。他回忆有一次在教师会议上，他与另一位老师产生了相左意见：

> 我告诉她［另一名老师］，她所说的与我们上次会议决定的事情不是一回事。她不喜欢我居然质疑她，并且将一盒她面前的笔扔到旁边的桌子上。把我当成一个学生一样！会议结束后我们都往外走，没有一个人告诉她，她的行为是不合适的。某种程度上老师们都在霸凌彼此。他们忍受着所有人的不专业。

在谢尔顿，这种“人人为己”的情绪很好概括了老师们在与同事交流时必须应付的社交氛围。他们担心因在其他老师面前太过袒露自己，包括分享自己的观点，而被攻击。

谢尔顿的日常生活与老师们描述的工作环境规范也相一致。教师休息室里与午饭间的逗趣总是包含着有关其他老师的负面且尖锐的流言蜚语。[14]在提及同事时，种族主义与仇视同性恋的表达也屡见不鲜。在教师会议中，常见的氛围是——用一位老师的话来说——“敌对的”。每一次全体教师会议，校长都会以一个叫“小事”的活动开场，让老师们匿名提交对另一位老师的感激类语句，并随后在会议上当众朗读。尽管这个活动的出发点看上去是无害的，但老师们会用这些小事作为嘲笑其他老师的机会。“多亏我们学校的心理学家一直在陪伴着学生们。”校长正读着其中一件小事。另一个老师哼了一声并说：“她确实一直都在，除了她不在的时候。她根本就不在！”一屋子人哄堂大笑。学生们也是老师与工作人员同类型信息的主题。校长在读另一件“小事”时，让大家恭喜一位正在负责学校第一次拼写大赛的老师：

校长：感谢尼克把这项比赛带到了谢尔顿！

尼克：我们的新冠军是戴恩！ 93

老师：戴恩怎么了？

尼克：他去别的学校比赛了。

校长：我想听到你们都说“哇！！！”［并在空中挥舞着他的手］

所有人：哇！！！

校长：你觉得他进入下一轮的机会如何？

尼克：这么说吧，他会很高兴从我们这儿赢走那块奖牌的。

所有人：[大笑]

校长：敬奖牌，大家一起！

在学校的公开场合，老师之间的打趣是一种有争议的玩笑形式。有老师私下里对我形容这种形式是“令人沮丧”以及“令人厌烦”的。“你不得不每时每刻都得*情绪激昂*。”芬纳蒂女士向我解释。“人人为己”的工作环境氛围使老师之间滋生了一种敌意性质的关系。

老师们同样将学生置于一种好斗的情境中，与我所观察到老师之间的景象类似。学生们总是形容老师是“严格”或者“非常严厉”的。丹尼尔（15 岁，亚裔）告诉我：“有少数几个老师，我永远不想上他们的课。他们非常刻薄。我上过其中几个的课，所以我知道，别的是我从其他学生那里听来的。他们可以几乎没有来由地这样表现：非常非常严格，非常非常刻薄。”除了抱怨老师们很严格外，学生们也抱怨许多课堂活动是高“风险”性质的。“这里许多老师喜欢在你课上走神的时候叫你，”莎拉（15 岁，亚裔）说，“如果你回答正确，你会得到很多分；但如果你回答错了，他们会当众嘲笑你，这糟糕透了。”

在一个早春的下午，我坐在教室后排听芬纳蒂女士的八年级科学课。那天的课堂内容是之前有关分数课程的继续。芬纳蒂女士站在教室前方，双手叉腰，向学生们发问：“在下周的大考之前，还有什么别的问题吗?”一名学生举起手来提问是否考试中会包含带分数的内容。

“这次考试你不需要知道那个。如果我给你一份试卷，你可以 94
放心，它一定是公平的。”芬纳蒂女士暂停了一下，接着皱起了眉，开始在教室前踱步，“你们当中有多少人曾经看过其他学生的试卷，并因为自己错了而惊慌失措?”整个教室沉默了。“我们都这样干过!”她大声说，“作弊，但并不是故意的。只要*告诉*我你做了这件事，我就会给你一份新的题目。”然后芬纳蒂女士突然对准了教室中间的一个男孩。“鲍比!”他在椅子上跳了一下。“所以你是如何做到考试表现这么好的?”鲍比低头看向他的桌子，在他的座位上局促不安。芬纳蒂女士渐渐变得有些不耐烦，将手挥舞起来。“你们这些笨蛋！如果你们够聪明，好好记笔记，你们就会进入下一学年的优秀学生名单。考试并不意味着一无是处！让我们假设你们的父母来自一种‘传统文化’，”她用她的手指在空中作出引号的手势，“你们的父母可以把你们关在房间里，把数学胡乱塞到你们喉咙里，但他们能*运用几*何吗?”芬纳蒂女士将右手放在胸前，并举起另一只手：“说*我很聪明！*”学生们回应：“*我很聪明！*”

下课后，我立刻来到芬纳蒂女士身边，想向她询问有关课堂的几个问题。“马修，我跟你说吧，我几乎不记得我在课上做了什么了。”她告诉我。当我向其他老师询问起有关课堂上的具体问题时，他们也都说他们处在“自动巡航”模式，几乎不记得除原定课堂内容之外的任何事情了。“对这些孩子你必须很严厉，”芬纳蒂女士说，“如果你把门打开了一点点，他们就会利用你，并且想方设法拿一个 A。”在那年早前的一个访谈中，芬纳蒂女士曾形容她在其他学校教的亚裔学生都是没有威胁性的模范少数族裔，所以我向她提问为什么这里的学生不符合这种形象。她停顿了下，并且诧异地看了看我。“这里不是，”她说，“这里的老师不得不为自己把好关。”

与芬纳蒂女士一样，谢尔顿的其他老师在课堂上采用他们在访谈中所使用的形象，将他们的中产阶级亚裔学生群体形容为发奋的、冷酷的，被“虎妈”们养育大带有威胁性的黑客。当被问及课
95 上这些瞬间时，他们通常都回忆不起课上的这一部分了。相反，他们会将焦点放在对他们精力要求最高的教学实践的特征上：“人人为己”的学校规范，以及它如何塑造了他们的关系，不仅是老师之间的关系，也包含与学生之间的关系。老师们对少数族裔学生的看法同工作场所的规范连在一起，共同塑造了教学实践。

亚裔和拉美裔学生首当其冲，受到教师的负面刻板印象和工作场所敌意的消极影响，而白人学生却避开了这种倾向的影响。在我采访的白人学生中，没有人描述过像少数族裔学生报告的那样当众点名的例子。此外，我观察到在白人学生展现出同亚裔或者拉美裔学生同样“值得惩罚”的行为时，每次都是少数族裔学生被责备。[15]在这一学年，我记录下谢尔顿课堂上 37 起白人以及亚裔或者拉美裔学生在桌前玩手机，并被老师以某种形式（如口头警告，拿走手机，以及送去校长办公室）责备的例子。在这些例子中，没有一个白人学生被惩罚。这表明，白人性作为一种未被标记的种族类别，也许保护了白人学生免受老师针对少数族裔学生的那种敌意。“人人为己”的老师工作环境与少数族裔学生的负面刻板印象交织在一起，使得老师们惩罚的目光只投射到那些被种族身份标记的学

生身上。相较之下，白人学生则免受伤害。

目前我已经描述了“人人为己”的工作规范如何形塑了老师彼此之间的互动，以及他们与学生的互动。这种环境氛围让老师们将亚裔和拉美裔学生视为威胁，而不是模范少数族裔或者友善的移民。有趣的是，白人性的隐形使得谢尔顿白人学生群体免遭老师规训行为的负面影响，因为老师们主要使用种族身份来塑造他们对威胁的看法。然而，这种被特定刻板印象影响的工作场所规范是从何而来的呢?

我的田野工作对于探寻谢尔顿“人人为己”工作场所规范的源头十分有用。许多年轻教师和工作人员表达了他们对老师文化的沮丧，更加年长的老师则详细说明了这种冷漠的、朝九晚五式的工作 96
氛围是如何在过去十年发生的。“过去我们在工作中都十分投入，”八年级科学老师麦迪逊先生这样说，他已经在学校工作 28 年了，“但我们的学生群体彻底改变了。这个社区曾经几乎全部都是中产阶级白人学生。突然之间，亚裔来了，并取代了很多人的位置。这与从前再也不一样了。”麦迪逊先生与其他老师在社区人口构成的巨大变化这一点的观察上，是对的。过去十年间，社区亚裔人口比例增加了 24.44%，达到了社区总人口的 52.47%。2000 年这里白人的比例是 40.80%，现在已经减少了 19.29%，比例降至 33.19%。

谢尔顿年长一些的老师将这种人口结构上的变化视为对他们作为老师过去快乐生活的一种威胁。“曾经我们与这些孩子有许多共同点，”乌尔曼女士说，她是七年级的历史老师，在这里已经工作了 31 年，“我们知道他们来自哪里，也知道如何帮助他们。但现在的家长们要求都非常多，他们中一半的人甚至无法用英语同我们对话。这让人感到筋疲力尽。”老师们将社区的变化视为对他们的种族与社交舒适边界的一种冒犯。[16]

但导致谢尔顿“人人为己”工作氛围的原因是否完全是白人教师和少数族裔学生之间的种族和社交差异造成的呢？还记得在查韦斯，那里的社区同样经历了人口构成的转变。但它所展现的却是一种完全不同的、更加家庭式的环境。查韦斯大部分都是白人的教师将他们自己视为拉美裔学生群体的照顾者。我通过寻找谢尔顿教职员工如何努力反对学校敌对现状的例子，对这一问题有了更好的理解。我的发现是，其他教师——而不是学生——会绕过这些举措，要么是通过前文所述的同事之间的羞辱，要么是谴责这些做法是为学生的操纵“敞开大门”。比如，七年级社会研究教师威克斯先生讲述了工作环境如何影响了他在学校使用科技的方式。“我对科技非常在行，但我会限制自己在网络上与老师和学生分享内容，因为
97 我知道那会发生什么，”他说，“孩子们会占你的便宜，老师们会骂你太努力，或者让他们难堪。”虽然老师们提到学生会阻碍他们用更加和善的方式来规训线上娱乐，但他们也指责是同事阻碍了这些努力。“我觉得大家都一定程度上放弃了，”八年级语言艺术老师布雷迪女士这样说，她在学校已经工作 15 年了，“没有人想要花时间去真正帮助学生。所以，任何真正尝试这样做的新人都会因为不追随守旧派而受到很多指责。”这表明，将充满敌意的工作环境全部推给整个学生群体恐怕是一个错误的方向。一些根植于老师之间的

因素可能才是深层因素。

我逐渐发现，查韦斯与谢尔顿最鲜明的区别在于谢尔顿的老师们采用的是一种向上阶层流动的视角来看待他们的少数族裔学生。查韦斯的老师们并没有表露任何有关达到某种集体成就标志的压力，因为他们认为他们学生的最好情况也是只能从事工人阶级的工作。而在谢尔顿，老师们有关他们中产阶级亚裔学生的看法，与其学生取得成功的迫切性，紧密联系在一起。“跟你老实说吧，这些亚裔学生都太聪明了，以至于如果他们在学习上表现不好，其他老师和管理层传达的信息便是我们在教学中一定做了什么不好的事。”六年级语言艺术老师奥鲁奇先生解释说。麦迪逊先生在社区人口刚开始转变时就在那里了，他补充说觉得这种期待是不公平的：“我的意思是，我们在这里已经许多年了，亚裔家庭突然涌入，就期待我们要为他们服务吗？反正不论怎么样他们最后都会读麻省理工的。”在谢尔顿，老师们对其自身和学生之间的种族与阶层差异的认知建立在一种假设上，即教师对于那些有望取得好成绩的上进学生来说，如果有任何影响的话，就是他们取得成绩的障碍。

面对充满敌意的教师工作环境，老师们通过指责带有种族和阶层色彩的学生文化差异来维持他们自己的合法性。“我认为相比于关注每天眼前这些事，指责外部因素是更容易的，比如学生或者他们的家庭，”学校辅导员莫斯女士这样说，“我的意思是，我能理解老师们在一起时做的事情。在一起指责学生，相比于进行一些有关 98
成年人之间如何对待彼此的对话，要容易得多。”在另一个访谈中，音乐老师芭托女士也分享了相似的论调："你看老师们总在贬低别的学生——从某种奇怪的方式来说，这让他们好看一些。但与另一位老师争吵？绝对不行。"任何企图将责任归咎于教师文化的教师都会遭到其他教师的集体报复。[17]通过责怪学生，教师们有了围绕问题的共同语言，不会引发其他教师的进一步敌意。

希斯克利夫中学为精英服务

希斯克利夫由家长主导。这里的每一位教职员工都会提到他们在教学中采用的各种各样的学术标准，但他们都同意，这些标准最终都需要打动家长。"他们中的大多数很富裕，"七年级社会研究老师菲利浦先生说，"他们都非常成功，也期待他们的孩子成功。当我们在课上教这些孩子的时候，我们脑子里总是会想，他们的家长会说些什么。"这种为精英服务的思维方式塑造了希斯克利夫的工作场所文化。用六年级历史老师罗森女士的话说："这种感觉就是，如果这些孩子最后没有进入这里最好的高中或者大学，那基本上就是我们的错了。"这种工作环境氛围引导老师们将自己视为这些有天赋学生的服务人员。

当描述来自家长的压力时，希斯克利夫的教职员工们都强调，他们必须向家长们保证，学生受到的是精英式教育。学校甚至专门设置了负责招生与市场推广的部门，以多种方式向家长传达学校在这方面的努力。亚伯拉罕女士是学校负责这项工作的管理人员，她这样描述宣传学校成就的工作：

> 我们的营销策略既需要获得将来潜在学生的兴趣，同时也
> 要满足目前学生家庭的需求。我们为学校网站制作了高水准视
> 频，平时我们也会拍摄视频和照片在我们的社交媒体上推送。 99
> 我们总在积极寻找值得记录下的东西：学校活动、课堂项目、课外活动等，用以展现我们的科技使用。这些都让学生家长们感觉他们将孩子送到这里是做了正确的决定，同时也鼓励其他家长来申请我们学校。

我偶尔注意到亚伯拉罕女士和她的同事在学校会用手机进行抓拍，我也经常看见更加官方式的摄像机在录制学校活动。学校官方网站与社交媒体平台总在更新有关学校生活的照片或者视频。当被问及这种面向家长的推广活动时，一开始几乎每一位老师都对此保持积极态度。“我的意思是，这对这里的家长们来说太重要了，”六年级历史教师罗森女士这样说，“哪个家长不想看看自己孩子的日常周遭？尤其是为了他们送孩子来这里付出的学费。”我逐渐了解到大多数老师对推广学校的压力存在比较复杂的心理。“如果我完全诚实地说的话，那这是另一层压力，”七年级数学老师吴女士说，“与家长分享我们正在做的事情是一回事，但如果你觉得你没有任何值得分享的东西，你就不配做一名老师，这是另外一回事。我的感受是，我不得不为了让我们在家长面前好看而调整我的课程。”在反思与家长的这种沟通方式时，希斯克利夫的老师感觉他们在安排课程时，被一种必须讨好家长的期待所裹挟。

希斯克利夫的老师面临着与谢尔顿的老师相似的一种压力：如果学生无法取得成功，罪责就会归咎到老师身上。希斯克利夫的区

别在于，老师们共享着一种观念，即他们必须以精英的方式来对待学生，从而将他们的工作“卖给”家长，保住工作，让学校保持良性运转。这迫使老师们将压力诉诸彼此身上，以讨好学生家长。例如，在一次教师会议上，老师与管理人员正讨论用于教学的可用预算。一位行政人员班克斯先生在主持会议：

100 班克斯先生：如你们所知，春日舞会是支付学校设备和其他活动预算的主要来源。还记得我们去年因为到场的家长比较穷，我们的预算就少了一些。我们正在与校长和市场部门一起通力合作，争取做得更好，但我们还是需要一些主意。

考夫曼女士：我觉得我们在与家长分享学生们所做的了不起的事情方面，还可以做得更好。我的意思是，瞧瞧迪伦做的线上年刊，或者学生在我的课上制作的视频。

理查德女士：好主意——这方面我们需要做得更多，将学生们完成的优秀作品转化为我们能够分享出去的活动形式。

在教师会议中，老师们不仅强调了需要教好学生，还需要让学生们取得的成就变得备受瞩目。驱动这种努力的不仅是一种突出教学过程的需求，也来源于经济需求。在一些非正式的场合，老师们也会向对方传递类似的信息。“那些学生从他的课堂上走出来后径直走进我的教室，都昏昏欲睡的，”丹尼尔女士在午饭间对盖茨先生说起另一位老师的课堂情况，“学生们告诉我他们从他那里学不到任何东西，然后，我需要把我的头三十分钟花到将他们唤醒上。”盖茨先生摇了摇头，一脸担忧：“那样无法帮助那些孩子，那也不是我们这里的办事方式。”在希斯克利夫，老师们共享一种理解，即学生优先，他们的学生值得一种精英教育，他们学生的才华需要公之于众。

家长们的存在感也体现在校园中。从某些方面来说，这放大了老师们面临的压力，以保证学生接受精英式的教育。“那有一点像……敞开门政策，”八年级科学老师克莱姆女士说，“这么说吧，家长们真的很喜欢烤饼干。”克莱姆女士是指她知道我在她的课堂上观察到的事情。家长们经常无预警地出现，为学生带来如饼干这样的食物。在她的课上，以及其他许多课上，家长们会真的打 101
开正在上课中的教室的门，在教室后面摆放一些食物，等课程结束后学生们可享用。“这里的家长很像‘自助’式的做法，”六年级数学老师托伊先生说，“他们对你的班级、你的学生主动关怀，无微不至，我们对此也无话可说。”老师们也感到这是家长们监控老师的另一种方式。“他们肯定不是来给我送块松饼的，”八年级科学老师理查德女士大笑着说，“他们来这里是为了观察我们、给我们打分，也好跟其他家长一起对我们评头论足。”尽管我并没有直接访谈很多家长，但因为出现在校园的频繁程度，他们很容易被误认为是希斯克利夫的工作人员。每次我访问希斯克利夫时，我都会去教师休息室。无一例外，休息室里总有家长在。或在帮忙准备——食物、聚会用品——一项活动，或在吃午餐并与其他家长闲聊。

由家长主导的、为精英服务的教师工作环境氛围已渗透到课堂上的日常教学实践中。负责学校市场推广的亚伯拉罕女士解释说，家长们期待老师在课堂中使用最新的科技与相关教学方法。“我们确保科技是我们学习目标中的一个核心部分，我们的家长对［老师］使用科技十分坚定，”她说，“反对在课堂上使用科技的教师寥寥无几，但他们非常显眼……而且理由并不充分。”当我与老师们谈及在课堂中的科技使用时，他们都表示使用最新的科技对学生来说是“最好的”。他们也将老师中的勒德主义者（Luddites）[①] 描述为对学生不利的人。“我对科技并不擅长，”八年级科学教师理查德女士眨了眨眼说，“但我会尽我最大的努力来跟上最新的科技。跟不上的老师在这里很显眼——他们就是不会算这个账。”

理查德女士所指的是学校一件广为人知的事：一位八年级数学老师，布伦戴尔先生，强烈反对在课上使用科技产品。“我尽可能减少使用这些东西，”布伦戴尔先生对我说，“科技阻碍了这些孩子真正地学会这些课程内容。他们会在努力弄清如何解决一道问题前，上谷歌搜索一个等式出来。”但是他同时也说明了坚持他有关
102 数字科技使用的原则所带来的代价。“一旦一位家长发现你没有使用那些最时髦的玩意儿，他们就会打电话给校长，并发邮件给其他老师，说你所做的事情对孩子们有所损害，”他说，“家长们会让其他人站到你的对立面。”

老师们中间这种为精英服务的规范生动体现在希斯克利夫校园的日常生活中。该校校长麦卡利斯特先生鼓励我去观摩普莱斯女士的八年级语言艺术课，指出她代表了学校的“风气”。在一堂有关语法与词汇的课上，我坐在了她的教室后面。学生们在桌上放着他们的 iPad，并打开了前一晚他们完成的一项作业。他们在

① 19 世纪英国民间对抗工业革命与纺织工业化的社会运动者，后用来比喻对新技术和新事物的盲目冲动反抗之人。——译注

讨论一个需要填空的句子："他的原则是________（His principles were ________.）。""所以，我亲爱的同学们，"普莱斯女士略带腔调地说，"这个问题是：他的原则是难以置信的（incredulous）、有风范的（chivalrous）还是利他主义的（altruistic）?"学生们在下面咕哝着，讨论各种可能性。"哪位学者能告诉我正确答案吗?"她问。普莱斯女士在课上经常使用诸如"学者"或者"聪明智慧的年轻人"的词来指代她的学生们。其他老师在自己的课上也会使用一些相似的、符合课堂内容的词，比如历史课上的"历史学家"，或者科学课上的"年轻科学家们"。普莱斯女士课上的一个小组的四个学生将答案范围缩小到 chivalrous 与 altruistic。"很棒！答案就在它们两个之中，"普莱斯女士说，"亚当，请选出一个学者来帮我们弄清哪一个是正确答案。"普莱斯女士与希斯克利夫其他老师在教学中将他们的学生定位为精英和聪明的人才。他们允许学生们打断他们的讲课，偏离原先的内容，并且将这些偏离的内容融合进对材料的批判性讨论中。老师间共享这种为精英服务的期待，并渗透到课堂教学中，积极地将学生塑造为他们的伙伴和他们学科中冉冉升起的新星专家形象。

查韦斯的学生将老师视为家长，谢尔顿的学生将老师看作严厉的纪律管教者，而希斯克利夫的学生则将老师形容为"像朋友"一样，带领他们走向成功。"这里的老师混合了很高的期待以及——就像你最好的朋友，"玛吉（13 岁，白人）说道，"他们确保我们做得很好的同时也真的认真倾听我们的声音。"罗宾（13 岁，白人）把老师看作自己的伙伴，补充说："这里没有别的学校那种 *103*

‘不能与老师成为朋友’的规则。”希斯克利夫的学生对老师的看法是并没有像查韦斯和谢尔顿那种家长式的或者管教式的特点。相反，学生会强调老师们是帮助他们成功的朋友。“这里的每个老师与学生都紧密联系在一起，”沃伦（13岁，白人）这样说，“他们有很高的要求，但他们也是我们的朋友。”希斯克利夫的学生这种老师是帮助他们成功的朋友的看法可能是来自老师在平常工作中也是这样对待学生的。

种族在希斯克利夫大部分都是白人学生的环境中是隐形的，精英服务者的工作导向也使得在老师眼中学生们都是上进的精英成就者。但当谈及学生中很少一部分亚裔群体时，对老师们来说种族是一个可见的因素。罗森女士（六年级，历史）在形容希斯克利夫的亚裔学生群体时说他们都是勤奋上进的佼佼者。“他们真的就是那么聪明，学习也非常努力，”她说，“我的意思是，我们所有学生，当然都是成绩非常好的，但在他们的文化中对于学习好的追求有着很丰富的历史。”另一位老师菲利浦先生（七年级，社会研究）也表达了类似的看法。“无论好坏，那种‘模范少数族裔’的事儿是真的。他们能够来到这里是有原因的！”尽管在希斯克利夫的日常教学中提到种族或者族裔的情况非常少见，但在我观察的一次课堂中，一位外向的亚裔青少年开启了一项关于种族的讨论。六年级历史老师罗森女士在一天早上开始上课前询问学生们是否有任何他们想要分享的事情。一个白人学生说那天是他的生日。艾利克斯用一种带有亚裔刻板印象的口音说：“哇，那你这次满几岁了？”班上的同学以一种并不自在的方式哈哈大笑起来。“你的家长是这样跟你说话的吗?”罗森女士问道。“没有!”艾利克斯强调说，“其实当我想达到我的目的时，我经常用这种口音。有人问我什么事情，我就说‘对不起，不会英语!’（Sorry，no speak Engrish!）。”所有人哄堂大笑。“看来我们都能从艾利克斯身上学到些东西，”当教室逐渐平静下来时罗森女士说，“非常聪明。我相信那也会对我有效!”当种族化含义加诸希斯克利夫亚裔学生身上时，它与老师在访谈中提到的模范少数族裔形象十分吻合。

其他那些将亚裔美国人描述为威胁的刻板印象（例如在谢尔顿 104
老师眼中）与一种推崇为精英服务、将学生定位为成就者的工作环境是不相匹配的。

目前为止，我已经描述了一种推崇为精英学生服务的工作规范是如何通过将学生定位为成就者和精英，来塑造教学方式的。尽管种族因素在希斯克利夫大部分为白人学生的环境中几乎是隐形的，当种族变成学生群体中一个重要特征时，老师们援引的也是亚裔学生作为模范少数族裔的形象，但是，这种为精英服务的文化究竟从何而来呢?当然是——家长。同时也包括一系列更广泛的家长协商过程中的政治动态，包括在他们选择希斯克利夫作为其子女教育场所以及自身参与到学校运作中的过程。“好吧，我的意思是，你就看看这周围的社区吧，”一位家长在一项活动前告诉我她将儿子送来希斯克利夫的原因，“就在五分钟距离之外就有很多*很差*的社区。在希斯克利夫，你能够确保你把你的孩子送到了一个满是其他好孩子的地方。”

虽然希斯克利夫的大门似乎将其与所在社区隔绝开了，但那些外围社区在过去十年间多样性有显著提升。白人依旧是其主体，占到所有人口的 76.67%；但拉美裔群体已经自 2000 年以来上涨了 16.59%，其所占总人口比例刚刚超过 10%。尽管人口有所增长，但拉美裔家庭的收入显著低于白人家庭。2013 年社区内白人住户家庭年收入的中位数为 83 246 美元，与 2000 年相比上涨了 26.5%。而当地拉美裔家庭的家庭年收入中位数为 27 757 美元，与 2000 年相比仅上涨 4.4%。考虑到上希斯克利夫中学的巨额花费，这里学生家庭的收入应当远高于当地白人家庭的收入中位数。

与我在学校活动中交谈的父母很少谈及种族群体，而是用诸如“很差的社区”“霸凌者”以及“毒品贩卖者”这种委婉的说法来间接提到那些贫困的拉美裔青少年，他们被视为对其子女良好发展的威胁。“我和丈夫非常害怕那种想法，即把我们女儿从希斯克利夫毕业后送到一所公立学校，”一位参加学校家长论坛活动的家长告诉我，“这里的周边社区有很多毒品和犯罪，我们都不想看到那些
105 东西触碰到我们的孩子。”另一位参加论坛的“希斯克利夫妈妈”点头表示同意。“现实就是，希斯克利夫与世界上其他地方是不一样的，”她说，“你不得不希望，有了那些我们教给他们的东西，他们能够找到其他正常的孩子，并且不被那些坏孩子影响到。”将孩子送来希斯克利夫的家长是为了给他们提供一个“安全的”环境，也就是一种能够将他们同外围社区中不断增长的贫穷少数族裔人口隔离开来的环境。尽管家长和老师更愿意谈论社会阶层而非种族，但种族动态亦是组成希斯克利夫学校环境一个关键的侧面。这里主要是白人的家庭将学生送来这所学校，从而将他们与贫穷的少数族

裔学生，尤其是拉美裔学生，隔离开。[18]他们与希斯克利夫教职员工的积极互动也确保了孩子们受到与精英相符合的教育。面对外围社区的贫困少数族裔青年，这些由家长推动的政治活动促进了希斯克利夫学生作为成就者的愿景。与谢尔顿的老师不同，希斯克利夫的老师用一种成就者的取向将亚裔学生描绘为模范少数族裔，而非冷酷无情的黑客。

连接工作场所文化与课堂规训导向

在之前的章节中，我展现了学校如何采取不同的规训实践来控制学生的青少年数字文化。在希斯克利夫中学，孩子们的数字技能被作为文化资本而激活，而在谢尔顿初中和凯撒·查韦斯中学，同样的技能被描绘为具有威胁性的或者无关紧要的。在本章，我描述了这些规训取向的来源。我通过将两种此前孤立的文献联系起来，即有关色盲种族主义和工作场所氛围或倾向的文献，来回答这个问题。我认为，本项研究中主要是白人、中产阶级的老师持有对他们少数族裔学生多重的、互相矛盾的种族化、阶层化的观念。但我也展示出，老师们同样在与工作场所文化打交道，这些文化包括家庭式的、充满敌意的或者强调为精英服务的。老师们从已有的关于其少数族裔学生的刻板印象中选出“合适”的那个，以符合其所在工作场所的意义系统。对于白人学生来说，这种联系是不存在的，因为白人性 106
以隐形的方式运作：谢尔顿的白人学生避免了老师针对少数族裔学生的敌意，希斯克利夫的白人学生则简单地被视为成就者。

从事组织文化研究的学者对教育研究者们发出挑战，认为课堂在一定程度上是由老师们制定并彼此共享的规范所塑造的。我发现老师们，尤其是那些既年长也对工作场所氛围持有更多看法的老师，能够看见学校近年的历史与老师工作场所规范之间的联系，而这种规范是新老教师都必须应对的。工作场所规范是指引老师间关系以及他们教学方式的重要社会性力量。它们带来的是一种共享的意义系统，使老师所持有的特定刻板印象对该学校而言是“合情合理的”。表 3.1 总结了工作场所氛围与对学生的建构之间的关系。

表 3.1　教师工作场所氛围与对学生的建构之间的关系

107

学校	工作场所氛围	对待学生取向	对待亚裔取向	对待拉美裔取向	对待白人取向
凯撒·查韦斯中学（工人阶级，拉美裔）	同舟共济	成就者（职业上的）	N/A	友善的移民	N/A
谢尔顿初中（中产阶级，亚裔）	人人为己	威胁	“虎妈”养大，冷酷无情的黑客	未来的黑帮分子	隐形的
希斯克利夫中学（富裕，白人）	为精英服务	成就者（精英式的）	模范少数族裔	N/A	隐形的

尽管在访谈中老师们都展现了有关亚裔学生的多重建构，即模范少数族裔或者“虎妈”养大的冷酷无情的黑客，但只有希斯克利夫的老师将他们的亚裔学生视为前者，也只有谢尔顿的老师将他们视为后者。由于家长们施加的将其孩子作为精英来对待的压力，希斯克利夫的老师对其学生采取的是一种成就者的取向。这种取向与他们在访谈中描述的模范少数族裔形象“相符”。然而在谢尔顿，老师们对其

学生共享的是一种威胁式的取向。这是由于他们将附近社区近年来人口结构的转变视作对他们种族和社会边界的侵犯。这种将学生视为威胁的看法正符合他们在访谈中表达的学生为冷酷无情的黑客形象。

老师们同样表达了对拉美裔学生的一系列相似看法：友善的移民，抑或未来的犯罪分子。但只有查韦斯的老师将拉美裔学生视作前者，也只有谢尔顿的老师将他们视为后者。查韦斯的老师共享一种学生是成就者（未来职业道路）的取向，这是一种家庭式的、“同舟共济”心态的延伸，来自学校从一所小学到中学的转变过程。这种成就者取向与老师们在访谈中描述的善良移民取向相符合。然而，在谢尔顿，上面提到的那种威胁取向同样适用于他们的拉美裔 108
学生，与老师们所持有的犯罪分子式的刻板印象相吻合。

白人的隐形性所导致的一个有趣结果是，无论在哪所学校，它都能为白人学生带来特权。在希斯克利夫，老师们将白人学生的成就归功于个人成功，而亚裔学生的成就则来源于他们的种族群体。在谢尔顿，白人学生的隐形性使他们免受被强加给亚裔和拉美裔学生的更为明显的种族地位的影响。结果就是，亚裔与拉美裔学生——而非白人——成为老师们规训实践的重点，以应对所谓的威胁。

老师们针对学生青年数字文化的规训取向来自其基于种族与社会阶层的刻板印象与工作场所氛围的相互交织。在下一章中，我将转向讨论对八年级学生访谈的片段，他们在其中讲述了自己在中学的经历与发展。这些讲述展现了学校不同的规训取向是如何将学生塑造为主体，并以不同方式将他们分别构建为技术摆弄者、规则遵守者与数字劳动者的。

第四章

学校作为数字参与的社会化主体

研究学生文化资源的教育社会学家们通常认为，不同阶层背景 109
的学生参与学校重视的活动的情况存在差异，而这种差异导致了不平等的学业成就。[1]如传闻中所述，富裕阶层的家长鼓励孩子去参观博物馆，追踪新闻、政治、艺术等。通过认可这些活动参与的老师，抑或是寻求文化相似性的雇主们，这些活动会在制度化环境中得到奖赏。[2]今天这些传统上被重视的许多活动也存在于数字化的环境中。例如，孩子们能够上网搜寻新闻的信息；参与关于政治和选举的线上论辩；在线上创造分享各种艺术形式；学习有关政府资源的信息及其获取，比如医疗保健信息或者其他社会服务。[3]与这些已有研究一致，定量研究发现青年人在参与这些线上资本累积的活动时呈现出阶层差异。

但是，孩子们在网上从事这些活动所需的技能究竟是在*哪里*培养的？这个问题十分关键，因为它涉及文化不平等产生的机制，即儿童在成功所需资源上的发展不平等。布迪厄式的观点通常将资源源头指向家长。但我们知道，至少在当代这个时刻，家长并非一定是其子女数字技能的源泉。[4]如果不是家长的话，还有什么因素会导致孩子们在受益于网络的机会方面出现差异？

当我对本研究中三所中学的八年级学生进行访谈时，我开始了
解到，数字化参与并不仅仅指学生们是否参与了线上活动，而且指 110
学校塑造他们线上参与的方式。例如，我让玛吉（白人，13 岁）形容她和希斯克利夫的同学们在线上各式各样的活动。她翻了翻白眼。“这里每个人都喜欢把他们的线上活动弄得看起来棒极了，但是说实话，他们还在读八年级。他们不需要一个领英（LinkedIn）

账号。谁会在乎?”她发泄式地说,“这里是有些竞争性的。我的意思是,每个人真的都很聪明,所以他们努力让自己在一众学生中脱颖而出,博得老师和未来大学的青睐。”当我了解希斯克利夫学生在网上从事的各种活动时,我积累了一份涵盖颇丰的数字活动混合清单:辩论,开发电子游戏,创作粉丝小说等。此外,这些前卫的兴趣被广泛地发布在本项研究所有学生都在使用的各个数字化平台上,如色拉布(Snapchat)[①]、照片墙(Instagram)、油管(YouTube),以及推特(Twitter)。

在另一个例子中,希斯克利夫一位14岁的白人学生艾莉森与我分享了她最爱做的事情。“我是体操运动员,经常参加全国性的比赛。我现在也非常喜欢以色列格斗术(Krav Maga),”她说,“我经常在我的推特账号上分享我的训练经历,还有其他所有事情。”与其他希斯克利夫学生一样,艾莉森有多种兴趣爱好,经常使用推特这样的线上平台将自己的兴趣爱好公之于众。在解释她如何开始从事以色列格斗术以及进行线上分享时,她指出她的父母是她的指路明灯。同时她也表示来自学校的压力是影响她参与线上活动的一个因素:

> 好吧,我爸妈一直支持我从事运动,当我发现以色列格斗术时,他们马上同意并且帮我报名了课程。但是推特?嗯,不是的。我爸妈知道我在推特上分享我的训练,但他们并不很在意,他们只关心我在学校的表现。说老实话吧,我是想让自己

① 又译闪聊。——译注

> 在学校还有未来的大学眼里看上去很棒。你需要在网上脱颖而出，但是以正确的方式，以及因为正确的缘由。

与其他希斯克利夫的学生一样，艾莉森并没有上网去获得新闻、艺术信息，或者其他以往研究中认为很重要的资源。她参与线上活动是为了*营造*出一种身份认同，能让她在教育机构眼里看上去更加有价值。

我在此前章节中分析的社会现象——当地的科技、娱乐规训以 111
及工作场所文化——对老师来说很重要，但最终，它们为学生们营造出了一种社会环境。在本章中，我将分析青少年学生如何体验这些结构化的社会性因素。为此，我会探究这些结构如何回答一个对社会学家与网络研究者都十分重要的问题：是什么决定学生是否会利用网上的资源？本研究中的学生通过反转这个问题帮助我更好理解了这个问题：并不仅仅是学生从事的数字活动类型给予了他们特定的优势，学校的规训取向在塑造学生数字参与方式并导向不平等收益上也发挥了重要作用。[5]希斯克利夫的学生在线上营造出一种专业化的身份，旨在传递自身对上大学做好了准备的信息；而查韦斯的学生主要是为了朋友们在网上创作与分享，表明他们几乎没有面向教育机构的意识；同时，谢尔顿的学生因为害怕老师训斥而刻意隐藏自己的身份，除了学校记录之外，没有为大学或者未来的雇主留下任何痕迹。

媒介研究者们认为，数字科技是一种工具，能够提供一种进入线上环境的途径，而这种环境富含信息与潜在社会资本。[6]社会学家认为会助长资本的标志性活动——参观博物馆，追踪新闻、政治以及艺术——也越来越多地能够在线上完成了。今天，通过上网，青少年能够搜索新闻，参与有关政治和选举的辩论，创造与分享不同形式的艺术，以及获取医疗保健信息或者其他社会服务等政府资源。此外，他们还能够使用数字科技进入新的社会环境，与志同道合的伙伴建立联系。线上兴趣网络，例如以某一特定电子游戏（如《我的世界》）为中心的网络，甚至是专门针对某一特定书迷的充满活力的论坛，如《饥饿游戏》（*The Hunger Games*），都让来自世界各地的人以自己的社会体系参与到亚文化中。最新的研究甚至显示，参与这些兴趣驱动的线上网络，通过学徒制的方式增进数字技能，能够促进各种学习成绩。[7]

研究学生线上参与的学者担忧他们所谓的“参与鸿沟”会导致
112 不平等。[8]与他们的有关文化不平等的社会学理论一致，媒介研究者们认为，人们是带着不均衡分配的文化资源来到这些富含信息的线上环境的。而这些文化资源是掌握高效探索网络环境所需的技能。我们已经看到了这种差距在不同人口背景群体中的迹象：相比于低收入人群，富裕人群更可能上网去使用电子邮件、查看股票价格和政治经济新闻、使用搜索引擎，以及获取健康信息；社会经济地位与性别更会影响人们创作和分享媒体或者信息的可能性，相比于仅仅是消费它们的可能性而言；父母教育程度更高的青少年更可能在网上创作与分享音乐、艺术或者写作等媒体作品。[9]但是，究竟是何种形式的线上参与导致了这些助长资本型线上行为的差异呢？

网络研究者将*网络化公共空间*（networked publics）称为当代线上参与的竞技场。[10]回到艾莉森对竞争型体操的兴趣。尽管她是在一个体育场馆，与她的队员和教练一起训练的，但她使用了智能手机在推特上与不限数量的线上观众分享训练的图片和视频。“你真的无法知道谁能够看见它，”她说，“但是你还是会分享，就好像你*需要*的那些人会看见一样。如果我想申请的大学招生官看见了它，我想要他们觉得我会是上这所学校很好的人选。”“网络化公共空间”指的是许多线上线下环境，这些环境随时可能将艾莉森的体操动作与其他观众联系起来。她的观众不仅是那些体育场馆内她身边的人。她日常训练的图片或者视频会作为线上数据持续存在，世界上的任何人都可以非实时获取或者搜索到。与数字化媒体形式一样，它们可以在线上被重新制作，也很难分清目前是谁正在观看。

在这里，我用网络化公共空间的概念来形容一种被数字技术影响的地带，本项研究中的学生正是以不同的方式在探索这种地带。[11]在整个中学过程中，学生们发展出针对线上参与的策略，而这些策略都被学校所影响。因为没有跟踪这些学生到高中，所以我无法将这些线上参与的策略与诸如上大学这样的结果联系起来。但我可以援引目前有关青年人线上参与鸿沟的量化研究。在访谈中，113
学生们分享了他们在线上持续的数字化行为。大多数情况下，他们指向手机上的社交媒体账号以及其他数字化痕迹。他们还解释了来自学校的压力是如何影响这些活动的。我将展示老师对待学生数字化娱乐的方式影响了学生线上参与的取向，也决定了高等教育机构是否是其线上参与中一个假想的观众。[12]

对娱乐的规训又是如何塑造不同网络化公共空间中的线上参与的？在前面的章节中，我曾经谈到查韦斯的老师们规训娱乐的方式是，告诉主要是工人阶级拉美裔的学生，玩耍娱乐之于学业学习是无关紧要的。这些老师并不像谢尔顿的老师们那样是严厉的管教者；事实上，老师们将彼此以及学生视为家庭的一部分。反过来，学生们将老师所传递的娱乐和学业应当分开的信息，当作是进步向前的善意指导。“如果我们在学校使用一些好玩的应用，老师们会担心学生们游手好闲，”查韦斯一名 13 岁的拉美裔学生安东尼这样说，“他们说用社交媒体来与他人沟通是可以的，但不能是为了学习。”当学生们向我描述他们玩的时候喜欢做什么，他们会表达一种共享的有关“娱乐”和“学习”之间的界限。每所学校的老师都以不同方式建构了娱乐和学习之间的边界，对查韦斯的学生来说，这种边界将有关创造性和娱乐的经历都进行了贬低并排除在学校之外。这种向学生灌输边界的过程是一种学校驱动的，基于种族和阶层的不同社会化过程。老师们的期望融入学生各式各样的线上参与的实践中。由于查韦斯的学生被教育说他们的数字娱乐对学习来说是无关紧要的，他们的线上活动并没有关注谁（除了伙伴之外）会看见它。与此同时，希斯克利夫的学生建构的是一种数字化的求职简历。

在希斯克利夫轻松策划线上生活

科迪莉亚是希斯克利夫的一位白人学生，她迫不及待地告诉了我她最爱做的事情。“我真的、真的很爱《饥饿游戏》系列，”她
114 说，“喜欢到我会上网去撰写有关它的故事。”我了解到科迪莉亚是

线上论坛 Wattpad.com 的一名成员，这是一个线上粉丝小说创作社群。“我不知道。我发现了它，在上面遇到许多和我一样的粉丝，”她在向我解释时也掏出手机向我展示了这个网站，“看！这是我写的一个故事。”看上去科迪莉亚创建了一个用《饥饿游戏》图片作为封面的文学作品集。她向我描述了在线上粉丝群体中与同她一样的伙伴写作和修改的过程，这让她的最终成果收到了许多网上的赞誉。科迪莉亚说她的作品被网站报道了，并且收获好几千条浏览记录。她解释了她如何将这些线上的兴趣与她在希斯克利夫的成功联系到一起。“对，老师和其他学生都知道这个项目，”她大笑着说，“某种程度上我被看作班里的‘作家’，但我也不想吹嘘过多。真正特别酷的地方在于，我有时会把这个项目的某些部分作为课堂作业提交。我们有一个关于道德的写作作业，老师让我提交的就是这个网上的作品。”

在学年末尾，我有幸在每个学校访谈了一群八年级学生，他们都来自我所观察的研究发现最突出的班级。当学生们与我分享他们如何应对来自老师的、有关数字参与合适形式的要求时，我了解到他们用来处理来自老师、家长以及同伴的压力的方式。尽管来自家长的信息很大程度上与科技使用无关，但他们对青少年如何描述自己的线上实践也产生了影响。[13]老师们有关娱乐的信息在决定学生如何描述线上参与时是影响最突出的。科迪莉亚是我在希斯克利夫交谈的唯一一位粉丝小说写作者，但别的每一个学生都有特定的有关线上活动的兴趣，并且也与学业成就结合在了一起。

我在希斯克利夫访谈的八年级学生都在某种程度上成为将自己

的兴趣和学业相结合的专家，但他们也表示发展出这种将兴趣融入课堂的习惯也花了好几年时间。例如，汤姆（白人，14 岁）描述了在全班面前使用数字科技，例如交互式白板，在他还在五年级的
115 时候是很可怕的。“这里的老师真的是从一开始就强迫我们要对在学校展现线上的一些项目游刃有余，”他说道，“一开始还很紧张，但最终你会了解到，这挺有趣的。”正如我们在其他章节了解的，希斯克利夫的老师在学校规训娱乐的方式是，要求学生将他们在线上与伙伴之间的实践带到课堂中来。“我记得那真的挺难的，”罗宾（白人，13 岁）这样解释说，“好像老师们总想要我们分享一些关于我们自己的事情，并且在作业中惊艳每个人。但现在我能做到了，很简单。”作为这项努力的一部分，老师们积极地鼓励学生将在线上与朋友一起娱乐时使用的媒体融入课堂。这个信息与查韦斯和谢尔顿的老师形成了鲜明对比，他们将数字娱乐视为对学业学习是无关紧要或者有威胁性的。希斯克利夫的老师的规训取向与学生们有关娱乐对学业成就至关重要的回答紧密相连。

希斯克利夫的老师教学实践中很重要的一部分便是鼓励学生作为科技的*创造性*使用者来大放光芒。这往往意味着，在日常课程的不同环节制定最佳应用程序或技术的使用策略时，要遵从学生自己的知识基础。学生们表示，创造性使用数字科技的一部分便是从学校作业出发，创造出新的东西。例如，肯（白人，14 岁）描述了他是如何决定用《我的世界》里的一项活动来替代一个写作作业的：

> 去年一门课上我们有一项作业需要描述城市生活。老师给我们的指示是写一篇正常的论文，但我和朋友却觉得：“嘿！

> 我们在《我的世界》里来建造一个城市吧。”老师喜欢我们的想法，也很爱我们的成品，效果非常棒。最后结果就是我可以在我的课程作业中使用《我的世界》。老师们有可能并不理解它，但是他们允许我们将这些东西带到课堂上。《我的世界》毕竟是一个创造性的游戏。

肯的老师也许并不能完全了解《我的世界》，但却允许他使用这个游戏来促进他的学习体验。一方面，这体现出希斯克利夫的老师们将学生数字化的兴趣激活成学业成就上的文化资本。另一方 *116*
面，正如肯说明的，对他来说这传递出一个信息，即他对他课上参与的活动是有所有权的。

希斯克利夫的学生们反复描述，在课堂上分享他们的创造性数字表达是一种被赋予合法性的体验，让他们对自己的课程有了权威性。例如，鲁伯特（白人，13 岁）“特别喜欢历史”，喜欢到他花很多时间在照片墙和 Reddit（一个网络论坛）上分享他在课上学到的有关世界各地内战的知识。“对，我的意思是，那一直都是我非常喜欢做的事情，”他说，“但是菲利浦先生总会让我走上前去，在课堂上与大家分享我正忙活的事情。有一个作业，他其实就让我提交了一个我正在 Reddit 上忙活的有关克里米亚战争的内容。他就是这么酷。”老师们对娱乐的规训取向将这些线上创造性的表达类型定位为是对学业学习有价值的。“希斯克利夫最棒的一件事情就是，你可以在学校期间逐渐了解并思考什么是*你*想做的事情，”科迪莉亚（白人，14 岁）反思说，“我记得我五年级的时候有很强的不安全感。现在我把老师看作我的朋友，我知道无论我与他们分享什么事情，他们都会找到办法来帮助我并让这件事变得很重要。”学生们将学校布置的作业视为一种鼓励，能让他们想出新的、令人兴奋的方案。

希斯克利夫的学生与查韦斯和谢尔顿的学生共享许多校内校外的兴趣爱好，包括打电子游戏、阅读电子书以及使用社交媒体。但他们强调，自己对特定创作类型的兴趣会与线上参与结合起来。例如，汤姆（白人，14 岁）分享了他对辩论的热爱。“我已经从事辩论好几年了，”他说，“我想谦虚一些，但我确实变得十分在行了。我有一个油管账号，在上面我会与其他辩手们分享一些建议，能让他们也变得更好。”罗宾（白人，13 岁）与我分享了她对高台跳水的热爱。“我总会想方设法让人拍下我跳水的样子；我的整个照片墙基本都是它，”她大笑着说，“我真的很喜欢动起来，我非常热爱运动和跳水。”希斯克利夫的学生与查韦斯和谢尔顿的学生一样，使用相似的工具和平台享受在线上的娱乐。但是他们也会拥有一些非典型的爱好，并且会在社交网络账号上分享这些活动。在解释为什么以及如何在线上追寻这些爱好
117 时，学生们提到他们的家长是鼓励的来源，但他们的老师才是他们在线上谋划这些的原因。

在与希斯克利夫的学生交谈时，我发现他们利用各种社交媒体在网上保持着很高的存在感。仅仅只有一个学生关闭了她的社交网络账号，因为她的父母担心上面的陌生人。希斯克利夫的学生描述他们谋划网络参与的目的是讨好机构中的权威人士，并且向网上看到他们的人传达出一种擅长与轻松的感觉。“我的意思是，我们都

知道，到最后如果某个女孩认为你上传的照片很奇怪，那没什么关系，”科迪莉亚（白人，14 岁）解释说，“在我把东西放到网上之前，我总是会考虑老师或大学是否会看到。我尽量确保他们会喜欢所看到的东西。”希斯克利夫的学生这些筹谋的行为强调的是在网上创造并且分享能被接受的媒体形式，而不是减少他们在网上留下的数字印记。“取得一个好分数只是在这里做得好的第一步，”内森（白人，14 岁）这样说，“这里有很多压力要你表现得像下一个顶尖的‘这个’或‘那个’。感觉就像是，除非你是一个非常优秀的学生并且在推特上也有一百万粉丝，否则你就进不了大学。”

希斯克利夫的学生有关线上参与的反思让我联想到沙姆斯·可汗（Shamus Khan）在他的研究中所描述的精英私立学校学生那种“表演出的轻松”。[14]可汗认为这种轻松是精英学生表现他们在高端和低端文化中都游刃有余的方式，他们也通过让任务执行显得轻松容易来展现他们在困难任务上的优秀。可汗认为，这样做的目的在于掩饰其中的不平等，让这些学生的成功看上去是理所当然的。我发现本项研究中私立学校的学生似乎在网上发展并且扩充了这种对轻松的表演。之前提到，他们所从事的兴趣爱好与我在查韦斯和谢尔顿访谈的学生是相似的：他们使用色拉布、照片墙，以及推特来与朋友玩耍，制作并分享媒体。但希斯克利夫的学生们做得更多一些，有着更广泛的兴趣爱好（以色列格斗术、竞争型体操、粉丝小说等），并且会从网络化公共空间那里谋得注意和青睐。虽然在网上筹划这些展示需要花费很多精力，但学生们想让它看上去是容易的。“你会想要确保你看上去是‘能行的’，”内森（白人，14 岁） 118

解释说，“在网上看上去光鲜亮丽，事实上要花费很多精力。比如你每次拍照的时候都得想着这件事，把它放到网上去。”希斯克利夫的学生私下都认为他们在线上的筹划需要花费许多心力，但是又以二元的方式将其归类为“有趣的”以及没什么大不了的。他们表示比起伙伴们，他们更在意的是老师和未来大学的招生官们看到他们在网上的内容。但是也有一种可能是这些学生故意降低伙伴的重要性，来表演一种轻松感。因为他们在访谈中表示，至少要花费大量精力才能在网上保持自己的存在感。希斯克利夫的学生在网上保持着高度可见的存在感，他们对自己的媒体分享进行精心策划，以在老师和大学招生官的眼中显得与众不同与充满价值。

凯撒·查韦斯中学的数字劳动

> 我热爱音乐。所以我和哥哥会把我们最爱的音乐拿过来，创造些新的东西。他会出主意把不同的声音加进去，我来加入新的节奏。他真的很擅长思考哪些歌可以搭配到一起，而我则擅长混音。我们不上学或者没做作业的时候，就会做这件事来消遣。

凯撒·查韦斯的一个学生贝丽（白人，14 岁）非常着迷于与哥哥用电脑来制作音乐。她和她的哥哥在 SoundCloud 上维护着一个账号，这是一个受欢迎的音乐分享应用，他们在上面分享音乐，别人会在上面留言并对新的曲目提出建议。贝丽会使用各种各样的数字工具来追寻她的兴趣爱好。这些兴趣驱动的活动符合许多 21 世纪线上学习方法的标志性特征。她学会了如何使用编辑软件来制作和混合音频文件。她通过探索网络化公共空间来分享她的音乐并获得反馈。但当我问她有关将这些与学业学习结合到一起的问题时，她笑了："老师们理解不了的……如果我分享给他们了，他们 119
大概会把它变得没那么有趣了。"

与贝丽一样，我在查韦斯访谈的其他学生也表示他们在*校外*使用数字科技非常有趣。他们揭示，在下课铃声响起的那一刻，他们才能自由去玩耍。"我迫不及待想要放学，回到家里和朋友玩我的GTA［Grand Theft Auto（《侠盗猎车手》）］，"查韦斯的一个学生安东尼（拉美裔，13 岁）这样说，"我玩社交游戏，就是与其他人（主要是学校里的人）一起玩在线游戏，在聚会中与朋友一起玩。"卡勒布（拉美裔，13 岁）说他喜欢和朋友一起在公园玩，不出门的时候，他喜欢听音乐。"我在网上关注很多音乐，在油管或者其他应用上，"他说，"它可以让我从作业中'出来'美美地休息一下，或者上了一天学之后放松一下。"除了游戏与音乐，青少年们也喜欢在手机上阅读。"我一周基本读一本书这样，"莎默（拉美裔，14 岁）告诉我，"我从当地的图书馆下载到我的手机上。好玩的是，我读这些远多于我干学业上的事情。这真的有趣多了。"当学生们跟我描述他们平时爱玩的事情时，他们开始显现出一种共享的"娱乐"与"学校"之间的界限。对这些学生来说，让这些活动变得有趣与享受的部分原因正是它们与学业*无关*。

如果一位学习科学家调查希斯克利夫和查韦斯的数字化活动，他/她会观察到相似的由线上活动习得的数字技能。两所学校的学生都在线上从事他们的兴趣爱好，也通过这些活动学会了如何与人沟通以及使用复杂的数字工具来创建和分享新的媒体形式。然而，这些学习科学家们遗漏的是机构在建构科技价值中所扮演的角色。学校的老师以不同方式建构了娱乐与学业之间的界限，如对查韦斯的学生来说，学校将创意性活动及其乐趣贬低并排除在教育制度之外。

我逐渐剥开这层关系的方式便是询问查韦斯的学生学校生活如何，尤其是在学校使用科技的感受如何。他们都表示它是毫无魅力的。“我不知道。老师们会让它变得没有一点意思，”理查德（拉美
120 裔，14 岁）叹着气说道，“就好像，我想象过把我的［任天堂］游戏机带来学校，但他们只会让我留在家里用，因为它会分散学习的注意力。”一些学生，包括理查德，分享说老师们会把数字化娱乐——尤其是电子游戏——与学业学习彻底分开。但是其他一些学生表示老师们会让它变得没那么有趣。“我的意思是，老实说，马修，他们只会扼杀它，”莎默（拉美裔，14 岁）向我解释，“我的意思是，你认为韦伯先生会怎么做，如果我告诉他我在网上读电子书消遣？我发誓，他一定会让我写一篇关于它的论文。”当我要求其他查韦斯的青少年分享如果他们把自己喜欢的娱乐活动带到学校会发生什么时，他们的意见与莎默相同。大家认为，只有娱乐不是娱乐的时候它才会被看作一种成就。

之前的章节讨论过，查韦斯的老师通过将娱乐视为与学业学习无关紧要来规训娱乐。查韦斯的老师并不像谢尔顿的老师那样是严格的管教者；事实上，老师们将彼此以及他们的学生视为家庭的一部分。因此，学生将老师们分开娱乐和学业的信息视为帮助

他们进步的善意指导。学生们认为他们的数字风格与学校无关，并相应地在他们的兴趣驱动活动和学业之间建立了二元对立。“社交媒体很有意思，但学校对它并不放开，因为人们会利用它，用它来捣乱，”朱丽叶（拉美裔，13岁）这样说，“到处捣乱是不高效的。”查韦斯的学生逐渐认为，在数字平台上的玩乐与工作是两回事。如果伊藤美津子、索尼娅·鲍默、马特奥·比坦蒂等人的观点是正确的，即“捣鼓”数字技术是培养创造性生产的关键部分，那么查韦斯的学生便在学校失去了这样的机会。[15]尽管查韦斯的学生有潜在机会将数字化娱乐以有意义的方式融入学校中，但查韦斯老师们家长式的作风强加了一种学生数字化娱乐没有价值的理解方式。[16]此外，查韦斯老师们还在学生身上强加了一种学习和娱乐的界限，降低了他们在学校*以外*时间中的能动性。

在希斯克利夫，很少观察到或者听说老师们会因为学生的不当行为而强加惩罚。然而，查韦斯的学生提到了一些老师进行的规训式行为，发生在数字化工具在课堂中涉足太多的时候。“办公室里 121
有一个专门装手机的盒子，”赛斯（拉美裔，13岁）告诉我，“但这其实更像是个笑话。大部分学生其实没那么坏，但如果有人在课上真的做得太过了，只顾玩游戏，他们的手机就会被送到办公室去，并且要到一天结束才能去取。”肯德拉在听到“电话盒子”的时候大笑起来。“老师们有时会开玩笑提到那个电话盒子，”她说，“那通常是一种善意的提醒，让我们不要说那么多，应该专注在学习上。”查韦斯的学生们通常都会将老师们规训数字化娱乐的方式描述为老师们在日常教学中施加的一种礼貌的但会持续存在的压力。

在解释数字科技对学业的价值以及与他们未来的关系时，学生们将对它的使用看作一种高效但繁重的工作。“我们会使用微软的 Word 和 Keynote 这些软件，以更好地记笔记，”莱利（拉美裔，13 岁）这样解释道，“这可能会帮助我找到一个工作或者一份事业。关键是要掌握正确的技能。”大多数学生强调学校数字科技的使用关乎为将来的工作发展技能。“打字非常重要，”梅赛德斯说（拉美裔，13 岁），“当你需要在论文或其他东西中搜索词时，它能帮上忙。我肯定在高中或工作中会用到它。”肯德拉（拉美裔，14 岁）同样将学校数字科技的使用看作对学业十分有价值。“使用电脑还有 iPad 这些东西非常好，因为它能够帮助你为高中和大学做好准备，”她说，“比如，有时你甚至需要通过技术手段与人联系，搜索一些东西。”由于老师们施加的娱乐和学校之间的界限，查韦斯的学生们将在学校使用的数字科技看作是一种劳动工具。

随着我对查韦斯的学生在校外从事兴趣爱好活动的了解，我注意到他们与希斯克利夫的学生在形式和风格上都有所差别。查韦斯的学生与希斯克利夫的学生的活动有所重叠，特别是在他们对音乐、电子游戏、社交媒体的使用以及电子书籍的阅读上。但查韦斯的学生并没有从事一些比较少见的活动，如以色列格斗术，或者那些受机构青睐的活动，如竞争性辩论或者体操。这些内容上的差异可以归于希斯克利夫的家长是为了让孩子出类拔萃而对他们进行指导的。但查韦斯和希斯克利夫的学生在他们线上兴趣的谋划上存在很大区别。希斯克利夫的学生将老师和未来大学称为他们数 122
字足迹的观众，而查韦斯的学生在谋划线上的活动时，脑海中却是他们的同龄伙伴群体。例如，朱丽叶（拉美裔，13 岁）解释说她并不太担心谁能够在网上看见她的信息，除了她的女性朋友们。“我真的不担心谁会看见我的数据，”她说，“更多的是确保我认识的人看不到那些我不想让他们看到的东西。所以我的推文或者图片都只会上传那些我朋友们觉得没问题的。”格雷厄姆（亚裔，14 岁）也说他的线上存在与伙伴们相关：“我不会在脸书上分享东西，因为我不想让上面的人看见它。我会在 Kik 上给特定的朋友分享一些事情，而不是在脸书上向全世界分享。那会太尴尬了。”一些查韦斯的学生还会针对他们参加的线上兴趣关系网来策划自己的线上活动。“对，我的意思是，我整个推特账号基本上都是为了推广我在 SoundCloud 上分享的那些我做的音乐，”贝丽这样说道，“所有的推特都是关于我的音乐，或者那些我喜欢的同样做音乐的人。”贝丽与其他我访问的学生一样，会主要针对创作音乐的伙伴来谋划自己的线上活动，而非针对老师或者大学管理人员。

当被问到其他有可能看到他们线上活动的非伙伴人群时，查韦斯的学生们通常会说他们并不在乎。他们会提到他们的老师们对线上活动的无动于衷。学生们很少提到他们会考虑老师、家长或者其他有权威的成年人会怎样看待他们分享到网上的内容。例如，汉克（亚裔，14 岁）说他经常使用照片墙，也会玩一些让他在线上分享他各种活动的游戏。当我问他认为他的家长或者老师在看到他在线上的帖子时会怎么看时，他耸了耸肩。“我爸妈真的不太在乎我在网上干些什么，只要我不惹麻烦，”他说，“我也不太在乎是否我的老师会看见它。他们也许觉得那很傻，但他们真的不怎么在乎。”肯德拉（拉美裔，14 岁）同样不太在乎她朋友圈以外的人会看到她在网上的活动。“我不在乎谁会看见。我不担心我的老师甚至公司会看见我的东西，因为我没有什么理由担心，”她说，“我并没有用错误的方式来使用它。”贝丽（拉美裔，14 岁）同样也对她的线
123 上数据在亲密朋友之外如何被使用持一种漠不关心的态度。“我真不太担心政府或者公司，因为我感觉无论如何它们都会用的，”她说，“老师们也不会在乎，除非你在网上做一些真的特别坏的事情，比如霸凌。我想的主要就是别让我的朋友觉得我发的东西看上去很尴尬。”查韦斯的学生们筹划他们线上足迹时关心的是他们当地的同伴社交网络。当被问及其他实体可能会查看他们的网上信息时，他们都说老师不会在乎。

查韦斯的老师通过传递给学生这样一种信息来规训学生的娱乐，即他们在线上消遣做的事情对学习是无关紧要的。相反，他们会优先在学校使用数字科技来教他们基础的技能，比如打字、做演讲幻灯片、线上搜索以及编程。这样做的结果是，学生们表示学校数字科技使用是重要但繁重的，而且缺乏他们在校外与同龄人一起追求的乐趣和创造性活动。将这些学生的说法与希斯克利夫的学生有关线上谋划的努力故事做对比时，这种做法的潜在影响变得更加明显。希斯克利夫和查韦斯的学生共享一些相似的

数字化兴趣活动，例如使用社交媒体和打电子游戏。但希斯克利夫的学生也从事那些让他们脱颖而出的活动，例如竞争性辩论或者运动。另外，希斯克利夫的学生会以一种能够惊艳老师和大学管理者的方式谋划这些兴趣爱好。查韦斯的学生则没有这样做。因此，学生的线上足迹因学校而异，其方式取决于教师如何建构孩子们在学校娱乐的价值。

尽管有关大学招生官如何看待学生数字足迹已经超出了本项研究的讨论范围，但反思孩子们的意识如何受到学校对游戏和工作建构方式的影响，当然属于这里的研究范畴。教育社会学以不同方式建构了学校社会化的一系列理论，指出教师传递的信息在学生意识上的影响是塑造今后不平等的一种机制。这些理论认为，服务富裕阶层学生的学校会用一种经理的思维方式来指导他们，而为贫困学生服务的学校则会给学生灌输一种工蜂思维。我在本章中想要阐明的是，学生的意识事实上也受到老师们灌输的有关娱乐和工作之间关系的假设的影响。希斯克利夫的学生认为娱乐与制度化的成功之 124
间是脱不开关系的：他们的创造性自我与学习成绩好坏融为一体。而查韦斯的学生学会的是将趣味与学业分隔开来，将他们的创造性努力贬低为无助于他们攀登制度化阶梯的活动。

谢尔顿初中的“幽灵”

“想让我向你展示一下吗?”哈利（亚裔，14 岁）在打开他的学校 Chromebook 笔记本电脑时得意扬扬地笑着，并且把电脑转向我。他刚刚向我详细讲述了好几个其他同学因为在网上“胡闹”，互相发送信息而惹上麻烦的故事。当我询问学生们会如何避免被抓到时，他向我描述了一个叫“幽灵”（ghosting）的方法：

> 有些手机上甚至 Chromebook 上的应用可以让你隐身。“幽灵”模式就是，你能在网上躲避老师。看，我在浏览器里打开了一个应用，这样老师们就无法追踪到那是我。现在我就可以用网页和朋友们聊天，并且不会被抓到了。我不会说我曾经这样干过，但是……［大笑］

对谢尔顿的学生来说，他们的老师是严厉管教者这一点并不是一个秘密。在访谈中，学生们都能够详细说出一些与我在课上观察到的类似的例子：老师们经常通过将数字化娱乐活动（比如线上交流或者创建和分享新媒体等）定位成对学业学习是有威胁性的，来规训学生的数字化娱乐，希斯克利夫和查韦斯的学生在对教师的看法上大体上是一致的，但在谢尔顿反抗老师的学生要多许多。学生们反抗老师的一种方式便是隐身，即躲避学校对学生的线上监控。

与查韦斯的学生一样，谢尔顿的学生也喜爱在网上与朋友们进行一系列不同活动，但这些都是在校外进行的。他们从事的活动与其他学校学生详细描述的很类似，例如和朋友打电子游戏、在智能手机上阅读书籍、使用照片墙或者关注汤博乐（Tumblr）上的账
125 号。但谢尔顿的学生表示，他们之所以在校外进行这些活动是因为担心被抓到后的后果。谢尔顿的学生普遍认为老师是严厉的管教者，并认为自己在学校的数字化娱乐是有风险的。例如，安妮（亚

裔，15 岁）将谢尔顿的老师描述为“不那么友善的”，并且解释说“老师们都说社交媒体是有害的”。安妮自己把社交媒体的使用看作是“与朋友之间的消遣”，但也意识到她“永远不会在学校使用它，因为老师们能够监控你在网上做的事情”。老师们的规训取向将学业和娱乐建构为一组二元对立，这种二分法是如此严苛，以至于像安妮这样的学生会在学校的网上保持低调，以避免惩罚。

大部分学生将他们在谢尔顿的第一年看作是很重要的时间段，他们将学会在学校线上的娱乐与学业学习必须分开。“我的意思是，在我来谢尔顿之前，我会和朋友一起用脸书或者别的，”克里斯玛（亚裔，14 岁）这样说，“在我们原来那所学校，没有人真的在乎这些。在谢尔顿，他们做的第一件事就是带我们参加一个很大的会议，强迫我们签署了一个文件，声明我们不会在学校使用手机。”与查韦斯不同，谢尔顿没有“手机盒子”。“iPhone 在这里是不被允许的，”阿尔明（拉美裔，14 岁）说，“如果他们抓到你在走廊或者课上用手机。你会被罚课后留校。”在上一学年里，学校共留校察看了 27 名学生，大部分是因为违反学校的科技使用政策。“我永远不会忘记他们第一次把我的短信打印出来的事，”昆汀（亚裔，14 岁）跟我笑着说道，“伦克先生把我在学校时发给一个朋友的短信打印了出来，我完全不知道他能看见它。然后他还向全班展示了它。”学生们解释说，他们认识到在学校使用科技是有威胁性的，这正是老师们在四年时间里的一系列行为造成的。与查韦斯和希斯克利夫一样，谢尔顿的老师们对数字化娱乐的规训方式影响着学生在学校使用科技的方式。谢尔顿的学生学会了学校并不是进行线上娱乐的合适场所，这样做会带来诸如公开羞辱和其他惩罚等的可怕后果。

相比于本项研究的其他学校，性别与种族在谢尔顿的学生有关
126 他们数字化兴趣的故事中多有展现。对女同学来说，在谢尔顿的“低调”意味着遵守老师们有关不允许在学校使用数字科技作为消遣娱乐的要求。[17]而对一些我接触的男同学来说，那意味着使用线上“幽灵”来反抗老师们不切实际的要求。“我的意思是，老师们有点太过分了，”卫斯理（亚裔，14 岁）这样说，“他们对我们很不满，但他们中的大多数人甚至连电脑都不会用。这几乎就像他们在‘要求’孩子们胡闹一样。”尽管也有几个女同学提到认为老师们的要求是不公平的，但只有男同学们表示采取了行动来抵制老师们的要求。“我认识那个去年黑进老师网站的学生。那是我所见过最有趣的事情，”哈利（亚裔，14 岁）这样说，“我们每次问老师有关作业的问题时，老师们都不太帮忙，而是告诉我们去查看他们的网站。好吧，确实有人这样做了！”当被问及为什么男同学们更倾向于使用“幽灵”或者黑进账户，一些学生指向了有关种族和性别的刻板印象。“我的意思是，他们都说亚裔很擅长科技，我猜如果你惹一个亚裔小伙子生气了，那就是他回击的方式。”昆汀（亚裔，14 岁）这样说。[18]

不仅是反抗老师的要求，谢尔顿的学生也比其他学校的学生分享了更多的有关同伴之间骚扰的故事。“像‘杜绝霸凌’这样的标语到处都是，但在这里还是有很多戏剧性的事件，”马克（拉美裔，13 岁）这样告诉我，“我觉得每天都能听到有人在色拉布上被其他

班的孩子骂。”之前提到谢尔顿的老师表示这里的工作环境是充满敌意的，这种敌意也被带进了课堂中。种族再一次成为同伴戏剧性事件中的关键因素。“大部分时候是亚裔与拉美裔的对立，”克里斯玛（亚裔，14 岁）说，“拉美裔学生经常主动挑起一些冲突。”持这种说法的亚裔学生都会引用有关麻烦制造者的刻板印象来合理化他们的看法。然而，在对拉美裔学生的访谈中，他们分享了针对亚裔同学类似的情绪。这说明有关教师对少数族裔学生的刻板印象的另一个复杂问题：谢尔顿的教师利用种族刻板印象来证明他们认为学生的网上活动对学习构成威胁的观点是正确的，从而助长了课堂上的敌对情绪。[19]

学生们说，老师对“线上活动是有威胁的”这一建构所造成的 127
影响便是，学生们在线上的活动十分低调，尤其是在骚扰别的学生时。“现在想起来，真正糟糕的是，当有人对其他学生说刻薄话时，要找到他们并不容易，”安柏（亚裔，14 岁）在谈到学生们收到“幽灵”账户传来的简讯时说道，“老师们不想让我们上网，所以学生们都在线上躲起来了。但一旦有任何坏事发生，老师们就不知道是谁干的或者如何来进行帮助。”学生们认为学校的数字环境是一个充满威胁的环境，在这种环境中，面对老师可能的惩罚或同学的骚扰，最好的策略就是在网上保持低调。

当我问谢尔顿的学生在学校取得好成绩的重要因素有哪些时，他们都提到考试考得好或者获得好的评价分数。“我的意思是，我的家长整体上希望我在学校表现好，但老师们就是希望你在考试中取得好成绩，”艾玛（亚裔，13 岁）这样说，“那样可帮助我将来进入好的大学。”谢尔顿的学生并没有将数字科技在学校的使用看作是对学习真正有价值的。这与查韦斯的学生形成鲜明对比，在那里他们相信在学校使用科技是很重要的，虽然有些累人。而谢尔顿的学生认为掌握技术本领是挺好的，但与获得好的评价和考高分相比，仅仅是次要的。“科技现在越来越发达了。与时俱进是有帮助的，”安柏（亚裔，14 岁）解释说，“但归根结底我必须取得好成绩才能进入一个好大学。”丹尼尔（亚裔，15 岁）说：“学校是进入好地方的跳板，而不是我娱乐消遣的地方。我会把《我的世界》留在家里玩。”谢尔顿的学生们表示数字科技使用并不会直接影响到学业成就，在老师们定位为对学业成就更加关键的指标上做得好才会直接影响学业成就。例如，米歇尔（亚裔，13 岁）解释说：“照片墙挺酷的，但帮助我进入大学的是在老师布置的课堂考试中取得高分。在这种意义上，学校就像是一种弄清如何才能表现好的游戏。拿到你能拿到的最好评价分数，就像赢得一场比赛一样。”谢尔顿的学生们将进入好大学定位为自己的首要目标，无论是数字技能还是线上娱乐都不被视为大学准备过程中一
128 个关键要素。相反，学生们遵从的是教师在课堂上制定的成就标准，比如考试得 A。

希斯克利夫与查韦斯的学生认为科技使用是有助于学业的，而谢尔顿的学生则将科技看作对学业成绩是不重要的。教师规训娱乐的方式——数字化娱乐对学习是有威胁性的——收到了学生不同的反馈，遵从抑或反抗。无论学生通过线上“幽灵”的方式反抗老师，还是遵从老师的这些标准，所产生的效果都是一样

的：学生将在学校的数字化娱乐看作对学业成就是从根本上没有帮助的。我访问的一些男同学将他们的创造力作为对抗老师要求的方式，但大部分谢尔顿的男女同学都将娱乐留给了校外的时间。然而，当我在更加了解他们如何从事自己的兴趣爱好时，一个有趣的模式出现了。

希斯克利夫的学生通过谋划自己的线上兴趣活动来打动老师与未来的大学，查韦斯的学生则通过谋划来打动他们的伙伴以及一些兴趣驱动的线上社群。当我在访谈中询问谢尔顿的学生们的爱好时，我发现他们是唯一偏好在不同数字化平台中*消费*媒体内容而非积极创建并与他人分享内容的学生群体。例如，安妮（亚裔，15 岁）说她会在社交媒体上关注一些账号，但不会制作用于分享的媒体内容。“我用推特来关注名人，用油管来看视频，但我并不会在推特上分享很多内容，”她说，“我只是没什么有趣的事情来分享！”伊丽莎白（亚裔，13 岁）说她确实喜欢在网上分享内容，但使用的是一些受限制的渠道。“我有一个照片墙账号，有时会在上面分享帖子，但它是完全封闭的，只有少数几个朋友能看见。”她说。在查韦斯，只有一个学生的社交媒体账号设置为不对大众开放。而在谢尔顿，除了两个学生，其他所有学生都将自己的账号设置成私密状态，以防有人看见它们。这种鲜明对比说明，虽然查韦斯和谢尔顿的学生都是在学校以外的时间从事娱乐性活动，但谢尔顿的学生的线上娱乐即使在校外也限制在一个严密防范的环境中。

我询问谢尔顿的学生，为什么他们不在线上创建媒体内容，或 129

者为什么要限制谁能看见他们的线上活动。除了同伴压力，他们十分担心教育机构中的权威人士会发现他们的线上活动。“我肯定不会在脸书上分享东西，因为我的朋友会觉得我是一个怪咖，”昆汀（亚裔，14 岁）这样说，“我把我的推特账号也锁了，是因为如果老师发现我了，那会非常糟。”伊丽莎白（亚裔，13 岁）则担心如果老师们看到她的照片墙，他们会怀疑她没有在做与学业有关的事情。“我父母十分放松，但是如果我的老师发现了我的照片墙，她可能会认为我在使用它而没有完成作业，”她说，“我听说别的学生因为在课上用它而陷入了麻烦，虽然他们仅仅是在课间分享了一些东西。我不会冒那样的险。”有几个学生也提到担心会被大学招生官看到。“我不想一个大学在网络上搜索我，然后发现我在玩 Candy Crush 或者别的什么，”卫斯理（亚裔，14 岁）这样说，“他们在网上看不见关于我的任何事情是最好的，希望他们只关注我的成绩以及申请的其他部分。”谢尔顿的学生们不仅将娱乐和学业分开，他们还会因为惧怕学校权威人士甚至未来大学的惩罚而尽量减少自己的数字足迹。

数字化娱乐、学校边界以及学生的线上参与

在本章中，我展现了学校的社会性力量及教师对娱乐的规训方式塑造了学生们对校内外数字化活动的想象（见表 4.1）。希斯克利夫中学的老师鼓励学生将线上娱乐融合到课堂中。希斯克利夫的学生为了表现得更好，则将课堂作业用作创作新东西的起点，例如

《我的世界》里的创作或者线上的创意写作。学生们因此将他们的数字化娱乐视为学习的关键性部分，并十分自豪地在班级里分享他们线上的兴趣爱好。凯撒·查韦斯中学的老师们则向学生们传达数字化娱乐是对学业学习无关紧要的信息。结果就是，学生会贬低他
们在校外数字化活动中的创意行为，并且将在校内的打字、编程以 130
及幻灯片演示等任务看作是无聊的劳动，虽然它们很重要。由于谢尔顿初中的老师将学生的数字化娱乐视为对学业是有威胁性的，这些学生同样将娱乐留给了校外时间。查韦斯的学生将（无聊的）数字技能视为是对学业成就重要的，而谢尔顿的学生则相信数字技能相比于在考试中取得好成绩仅仅是次要的。

表 4.1　教师规训与学生线上行为的关系 131

学校	规训方式	学生取向	学生线上行为
凯撒·查韦斯中学（工人阶级，拉美裔）	娱乐于学业无关紧要	学生在校外娱乐玩耍，将学校视为繁重数字劳动的地点	线上高度可见，为伙伴精心制作与分享媒体内容
谢尔顿初中（中产阶级，亚裔）	娱乐于学业有威胁	学生在校外娱乐玩耍，将考试与分数视为比数字技能对学业成就更重要	为躲避教师惩罚而限制线上活动，大多消费而非创作和分享媒体内容
希斯克利夫中学（富裕，白人）	娱乐于学业至关重要	学生在校内娱乐玩耍，将学校规则用作创造性表达的起点	线上高度可见，为老师与大学招生官精心创作与分享媒体内容

学生间这些不同的取向会影响他们如何在网络化公共空间和别人互动，也会影响他们未来的人生机会。我发现老师对娱乐的规训方式会影响他们在网上谋划媒体内容的方式，而这些内容在网上代表他们。谢尔顿的学生出于对老师惩罚线上胡闹行为的恐惧，对他们的线上活动进行了高度限制。他们对在高度可见的环境中制作和分享媒体内容并不十分在行。查韦斯的学生在这方面倒很在行。但是，他们相信老师们并不在意他们在网上的行为，因此他们在创建线上媒体内容时只会想着他们的同伴。希斯克利夫的学生同样在线上进行创建并分享，但他们开发了经过精心策划的网络形象，以迎合机构权威人士的期待。他们在网上高调追求自己的兴趣爱好，以便为以后的教育成功（如大学录取）打下良好的基础。

这些数据表明，教师在学校的教学过程中，以不同的方式引导学生探索应对网络化公共空间的策略。社会学家与网络学者们也许都担心，学生会以不同方式利用信息与社交机会，例如新闻、学习材料、政府信息、艺术，以及其他在网上日益增加的资源。本项研究揭示了学校不仅在学生是否参与线上活动上有所影响，他们还会传达出有关学生应当*如何*参与的不同的信息。在这里，媒体研究者们将数字空间视为网络化公共空间（即存在许多潜在观众的舞台，包括伙伴以及未来雇主）的一部分，有助于我们理解学生们如何学会以不同方式参与线上生活，从而增强自身的资本。尽管家庭与同伴也会对学生从事的线上或

者线下特定兴趣爱好产生影响，但更重要的是，老师们指导的是 132
学生的数字化参与以及对网络化公共空间的探索。希斯克利夫的学生解读老师有关数字化娱乐巨大价值的信息的方式是精心策划自己的网络身份，类似于为未来大学与工作准备的电子化求职简历。而其他学校的学生则没有这样做。

结　论

数字工具通常是按特定使用方式来设计的，但使用这些工具的 133
人最终提醒我，当地环境会影响如何诠释这些工具的价值。这些诠释将数字科技编织进学校的社会性网络中，使各类硬件和软件被使用的方式远远超出其预期的用途。

比较民族志方法是观察这些诠释所具有威力的最好路径。以《我的世界》这一研究期间在学生中间十分受欢迎的电子游戏为例。在希斯克利夫中学，这所主要服务富裕白人学生的私立中学，老师们将《我的世界》以及其他形式的儿童数字化娱乐视为对学业是至关重要的。教师们认为与游戏相关的数字技能——类似建筑、城市规划、项目管理以及创造性等技能——对 21 世纪的教育十分有价值。他们甚至允许学生提交在游戏中创建的项目来替代普通课堂作业。

而仅仅在 40 分钟车程外的地方，谢尔顿的教师认为《我的世界》以及其他电子游戏传递出有关他们学生的完全不同的信号。在这所以中产阶级和业裔学生为主的学校，《我的世界》有教育意义这种想法被当作一个笑话。教师们将《我的世界》等电子游戏描述为“垃圾”、被学生滥用，或对学习构成威胁。在谢尔顿，数字工具有价值仅仅是因为它们能够帮助达到那些用考试来测量的“传统”教育标准。

本研究的最后一所学校采取了第三种方式。在凯撒·查韦斯，这所学生群体主要是工人阶级和拉美裔的中学，学生们也会玩像
《我的世界》这样的电子游戏，但是老师们真的不太在乎。虽然他 134
们承认学生在校外也有社交生活，但教师们认为自己有责任引导学

生将来从事工人阶级的数字工作。从这个意义上说，像《我的世界》这种数字化娱乐对学业而言是无关紧要的。老师们更加推崇教授编程、网页设计以及文字处理等基础技能，而贬低娱乐的价值。查韦斯的教师将《我的世界》这种创意性娱乐视为学生校外时间的消遣，而将在课堂中教授的重复性数字技能视为是真正具有教育意义的。

这些校间的诠释性差异，揭示了目前教育学术界和当代教育技术改革倡议所倡导的学习议程的一个主要障碍。具体来说，有关“新型素养”的研究认为，青少年作为最早的智能手机等硬件以及社交媒体应用等软件的使用者，在与朋友的数字化娱乐中会习得重要的技能。他们在网上与朋友一起玩耍、嬉戏和“捣鼓技术”。[1]在这个过程中，他们发展出线上交流与合作的技能，掌握创建和分享新媒体形式所需的工具。学者们认为这些技能对学习十分有价值，并且能够在变化的劳动力市场中提高学生的潜能。为什么一所主要服务富裕白人学生的学校的老师会以研究中所描述的这种方式来想象如《我的世界》等数字化娱乐的价值，而另外两所学校的老师却没有这样呢？

对社会学家们来说，这个问题尤其重要。因为它揭示了我们目前有关教育中文化不平等思维的一个转折点。我正在一个有趣的历史时刻写作本书。年轻人在使用这个时代的科技上要比大多数家长和老师在行。这种情况提供了一个独特的机会，可以改善因儿童无法平等获得有价值的文化资源（如数字技术）而造成的教育不平等。研究教育不平等的学者通常用不平等的童年来解释学业成就上

的阶层差距。[2]然而，在这项研究期间，年轻人是带着相似的、与
伙伴在线上娱乐中习得的基础数字技能来到学校的。如果学生们，
无论家庭背景，都共享相似的竞争力，那么处于劣势背景的青少年
最终可能会在教育机会结构的优化过程中取得长足进步。没错，这 135
就是有关文化流动性理论提出的可能性：如果我们能消除由不平等
的童年带来的在有价值文化资本上的差距，那么我们就能够看见工
人阶级儿童能最终取得成功。[3]

我在上一章表明，孩子们作为技术萌芽者的潜能在初中阶段就会分化。虽然与同伴的数字化娱乐会发展线上交流、媒体编辑与制作甚至基础编程逻辑等数字技能，但这些八年级学生表达出对线上娱乐在学校是否被接受或者受欢迎的不同看法。在一所主要是富裕白人学生的学校中，学生们将数字化娱乐（包括社交媒体与电子游戏）视为有趣且对学习成就必不可少的；而在那些主要服务家庭条件较差、主要是少数族裔学生的学校中，学生们被教导说数字化娱乐于学业是无关紧要或者是有威胁性的。学校采取了不同方式来规训数字化娱乐，并且通过这样做，它们塑造了年轻人在这些环境中评估自身数字价值的方式。

社会学家们通常会忽略数字科技与其用户被建构的过程。[4]同样地，技术改革者们也将把数字科技引入学校与年轻人中视为产生特定成果的原因机制。[5]他们并没有考虑学校的社会性力量如何塑造教师与学生对科技价值的想象，以及他们对怎样才是成功使用的想象。在我田野工作的过程中，我观察到老师们以不同方式将非常相似的数字科技建构为进入学生生活的入口、监控和惩罚的工具或

者重复数字劳动的平台。尽管学校之间数字技术获取的鸿沟已经消除，但这些情况依旧在发生。

在本书中，我揭示了老师们*如何*以及*为何*将数字科技和学生对其的使用以如此不同的方式进行建构。这样我们能够开始更具批判性地来思考出方法，来确保学校为学生提供的是向上流动的机会而非创造额外障碍。比较这些学校层面数字鸿沟已经消除的教育机构可以帮助我们发现，尽管进行了这些改革努力，但学生成就的提高
136 还留存有哪些障碍。而通过比较这些所服务学生群体阶层和种族（社会学中有关学生成就最关键的变量）不同的学校，我们可以探讨不同学生身份与数字化教学法之间的互动。请允许我在本章开头先回顾我已经讲述过的有关教育和数字化青少年的故事，它正是在一种比较式方法中显现出来的。接着我将讨论本书所描述的机制所带来的影响，即种族与阶层如何影响学生线上线下对自我学业以及创造力价值的看法。

查韦斯、谢尔顿与希斯克利夫的教育科技

尽管我为此项研究选择的三所学校都配备了相似的、高质量的科技，我依然被学校成员想象数字科技价值的差异所震惊。凯撒·查韦斯中学（主要服务工人阶级拉美裔学生）和希斯克利夫中学（主要服务富裕白人阶层）不仅拥有相似的高质量教学科技，他们也共享一些教学上的目标，即信息检索、网页设计以及编程等数字技能。如果一位学习专家给这两所学校的学生和老师发张问卷，他/

她就会发现尽管学校学生群体存在种族和阶层差异，但在科技获取以及数字化思维教学方式上两所学校几乎没有差别。

民族志方法可以在数字技术获取以及对外宣称的教学承诺表面之外，记录下那些对数字化工具的日常使用与诠释。尽管在科技获取与教学法上有着前述的相似性，但希斯克利夫的教师将数字科技视为走进青少年家庭生活与同伴间生活的高效率入口，并且鼓励他们使用 iPad 等工具来拍照、录视频，并将他们的线上活动带到课堂中来成为学习过程的一部分。查韦斯的教师将数字科技视为有价值的，因为它们能够帮助传授重复性技术性工作所需的技能。希斯克利夫的教师将数字技术作为将家庭和同伴生活与学校学习相融合的人工制品，而查韦斯的教师将数字技能想象成数字化工厂车间的实践活动。此外，查韦斯这种有关基础技能的话语强加的是一种自 137
上而下的老师—学生的学习模式，没有把技术视为 一种“入口”，把学生在家里和朋友一起做的事情视为具有教育潜能，而是切断了这些机会，转而采用参与性较低甚至是家长式的教学。

谢尔顿初中（主要服务中产阶级亚裔学生）与查韦斯和希斯克利夫相比，配备了不同种类的数字科技。而且我发现，他们故意购买了一些不同的工具以打造一种为监控而生的教学环境。教职员工使用诸如 Chromebook、Wi-Fi 控制以及谷歌云盘等云端应用，来监控学生甚至其他老师的活动。老师们使用这些工具来管控学生各式各样的线上活动，例如发短信、玩游戏以及看油管视频。有趣的是，这些活动在谢尔顿被视为“坏行为”，在希斯克利夫却被认为是具有教育价值的。

这些发现与技术决定论的思维形成鲜明差别，也不同于那些认为技术能够对其用户产生独立影响的观点。[6]仅仅配备数字科技或者仅仅有学生的“屏幕时间”都无法直接导向这种特定的结果。相反，与老师们的对话揭示了一种更加微妙的辩证关系：人们采用技术的方式不同，这是其社会环境作用的结果。在一些情况下，管理者们购买的科技会因为当地的人为因素在学校与学校之间产生差别。这种思维方式更接近社会理论家们呼吁的一种用相对的方式来理解科技。[7]此外，通过弄清学校成员们如何以不同的方式建构数字科技的价值，我们能够识别出形塑日常教学实践的那些过程。

规训娱乐

本书的核心重点是理解教师如何对待学生的数字知识：他们是否将孩子们从娱乐中学来的数字技能视为帮助提高学习成绩的资
138 源？看重这些数字技能价值的教育改革者应当会这样说。研究学校文化分层的社会学家们也会这样说。尽管每所学校学生的种族与阶层背景不同，但他们都拥有相似的、有价值的以数字技能为存在形式的文化资源。根据这种普遍逻辑，这样做可以避免由于他们来到学校时拥有不同资源而造成的不平等。数字技能可以成为一种老师们在课堂中激活的资源，帮助提高学生成绩，即社会学家们所称的文化资本。的确，我发现老师们确实会将孩子的数字化娱乐转化为文化资本。[8]但决定老师是否会这样做的关键在于学校。

我探究老师们如何对待学生数字知识的第一个任务便是评估这

些学校的学生在多大程度上反映出全国儿童科技使用的平均水平。与现有研究一致，我发现本研究中的青少年共享类似的数字知识形式的文化资源基线。正如全国报告中所指出的，在获取同伴在线娱乐所需的技术方面，他们之间的数字鸿沟微乎其微。[9]几乎所有的儿童都经常使用智能手机、iPad、手提电脑以及连接网络的电子游戏设备。凯撒·查韦斯的一些学生并没有拥有其他学校学生所具备的高质量数字化科技设备，但是他们都能够有机会使用前述设备的组合，因此都能经常与同伴在线上进行娱乐活动。[10]无论家庭背景如何，本项研究中的青少年都共享一些类似的兴趣爱好，如社交媒体使用、打电子游戏、线上阅读和写作、视频与图片制作。顺便提一下，为了与朋友一起追求这些兴趣爱好，他们必须掌握各种数字技术和在线软件。这些青少年并没有从父母那里学到这些技能。事实上，学生们把父母可以帮助他们学习数字技术的说法当作一个笑话。

我使用了“规训”这个术语来帮助清晰说明老师们将娱乐——
本项研究中孩子们数字技能的来源——转换为有益于学业成就的文
化资本的过程。[11]许多人也许会认为“规训”是发生在课堂上的纠
正性惩罚。但这个术语实则还包含另一层含义，在教育领域经典社
会再生产理论中被用到。米歇尔·福柯（Michel Foucault）对“规 139
训”的著名解释（尽管有些严肃）基于一个权力在现代社会如何运
行的故事。[12]他认为，在君主和领主时代，领导者使用蛮力来控制
人民。今天我们使用的方法远远没有那么恐怖，权力运行的方式却
更加微妙。我们使用的是制度化的机构组织，如军队、医院以及学

校。规训的实践指的便是对各种情境中人类生活的组织管理；“规训”描述的是权力的施行者（如教师）发出的信息对这些机构中的人们（如学生）产生的影响。我使用这个框架最根本的原因在于，它能够有效说明老师针对数字科技的实践能够影响所有家庭背景的学生。老师们向学生传递有关他们数字化娱乐的日常例行信息，这样的规训实践对学生可以有所助益（将学生的数字技能转化为文化资本），也能够以系统性的方式阻碍他们（否定其文化资本）。

在希斯克利夫，这所主要服务富裕白人学生的学校，老师们认为数字科技是走进学生生活的有效“入口”。他们使用 iPad、交互式白板、云端软件，甚至是电子游戏，通过线上交流与数字化创作，来增强学生们的创造性潜力。在访谈中，老师们认为学生在线上从事的青少年文化活动对学业学习是必要的。线上的娱乐活动，如线上写作、打电子游戏或者油管视频创作，被认为是有创造性且对课堂成功至关重要的。这种方式也发生在教学中。老师们经常遵从学生有关科技的专业知识，鼓励他们经常在课堂展现他们的线上兴趣爱好，并且创造机会让学生用新媒体形式的创作来取代传统的作业。希斯克利夫的教师规训娱乐的方式是将它转化为对学业成就有益的文化资本。

在谢尔顿初中，一所主要服务中产阶级亚裔学生的学校，老师们认为数字科技是为传统考试测试服务的高风险平台，同时也是监控和惩罚学生的工具。管理者选择不购买交互式白板，因为他们想
140 让老师们始终在教室中巡视并且监控学生的行为。在此基础上，老师和管理者们还积极偷窥学生的账户来管控多种娱乐活动，而这些

活动在希斯克利夫却被认为是有价值的。学生在线上的娱乐，如浏览油管视频、打电子游戏，甚至使用短信软件与同学交流，都会受到训斥。线上娱乐被认为不利于学习成绩的提高。老师们利用云技术创建在线测验或其他活动，让学生相互竞争。谢尔顿的老师规训娱乐的方式是将其渲染为对学习有威胁性，因此切断了将学生数字技能转化成文化资本的机会。

在凯撒·查韦斯中学，这所主要服务工人阶级拉美裔学生的教育机构，老师们认为数字科技是他们想象 21 世纪工厂会使用的关键工具。他们强调学生需要发展在这些科技方面的“基础技能”。这些技能包括许多希斯克利夫师生也看重的技能，如编程基础、幻灯片展示软件以及新媒体制作。但一个关键的区别在于，查韦斯的老师将学生数字化娱乐视为对学习是无关紧要的。这就意味着，老师们传递给学生的信息是，他们在线上的创意性表达，包括社交媒体使用、打电子游戏以及伙伴之间的交流，不会有助于其学习成绩或者未来的工作。教师以这种方式规训娱乐，使其不再是提高成绩的文化资本，取而代之的是，学生对需要死记硬背的数字劳动所需技能的熟练掌握。

对娱乐的规训是学校在 21 世纪再生产不平等的方式。孩子们来到学校时，已经掌握了一套类似的基本数字技能，这些技能是他们在与同龄人娱乐的过程中发展起来的，比如如何在网上交流，以及如何创建和分享数字媒体等。这看上去为文化流动提供了一个机会，有可能规避我们现有理论的预测，即认为童年的不平等会导致日后成就的分层。但我发现，老师会对数字技术和学生的线上娱乐

采取一种取向，并在教学过程中与学生一起来实践这种取向。学生
141 的数字知识在服务工人阶级学生和少数族裔学生的学校中被隔绝，而在一所服务优势阶层白人学生的学校中被转化为对学习有益的文化资本。这些针对线上娱乐的不同教学方法决定了孩子们的数字娱乐是否被激活为文化资本。但教师们为什么要这样做呢？

规训取向的来源

社会再生产理论认为，教师观念是教育领域社会分层中的关键助推器。[13]据此理论，教师认为富裕阶层学生注定日后会从事领导工作，而工人阶级的孩子只能在工厂车间工作。由于这些观念，教师潜意识中会在日常课堂生活中朝着这些路径指导学生。最终的结果是，学生形成了有阶层差异的自我概念、事业抱负以及教育习惯。它们会让富裕阶层学生成长为向上进取的领导者，而工人阶级的学生只能被推向工人阶级工作岗位。但当我为这项研究采访教师时，我觉得这种说法似乎并不完全正确。第一个迹象是，当我让教师形容他们的学生群体时，他们在访谈中会分享一些多重的、互相矛盾的有关少数族裔学生能力和潜力的刻板印象，而在学校和课堂的其他地方，他们只会按照单一的刻板印象行事。

在对主要是白人中产阶级的老师的访谈过程中，我记录下他们持有的对于少数族裔学生两种互相矛盾的观点——看待拉美裔工人阶级学生的两种方式，以及对亚裔中产阶级的两种建构。查韦斯的教师形容他们的学生是“友善的移民”，但当描述其他地方的工人

阶级拉美裔学生时，他们却用“未来黑帮成员”来形容。谢尔顿的老师将亚裔学生描述为“冷酷无情的黑客”，但同时表示他们在别处教的亚裔学生为“模范少数族裔”。社会再生产理论不仅没有考虑到学生种族身份对教师观念的影响，也没有预测到教师会展现出对相似学生群体多重的、互相矛盾的观念。这似乎对理论的可重复性带来了挑战。

如果教育研究者们能更多地关注有关种族的社会学文献，我们 142
就会知道教师对少数族裔学生的刻板印象向来是多种多样的。例如，有研究发现一些老师会将工人阶级拉美裔学生视为努力工作的移民，而另一些人则认为拉美裔学生有犯罪倾向。有研究发现教师将亚裔美国学生建构为上进的模范少数族裔，或者因为其种族身份一定会获得成功，而另一些研究认为这些青少年是冷酷无情的竞争者。[14]我也观察到，老师们在建构少数族裔学生时采用的文化意象类型是多种多样的。

另一个让种族成为本项研究重点的原因在于，虽然每所学校的老师都展现出对少数族裔学生的多重刻板印象，但他们在描述其白人学生时却没有使用任何可比拟的种族化的意象。老师们不会用“白人学生”来形容他们，而是用单个的姓名来称呼他们。当被问及对白人学生的看法时，老师们认为他们是独特的，也不能够被一概而论，虽然在访谈的早些时候，他们刚刚对亚裔学生和拉美裔学生进行了概括。

幸运的是，有关色盲种族主义的理论能够填补以阶层为中心的社会再生产理论没有回答的问题。色盲种族主义理论认为，当代种族意识形态为白人提供了“看不见颜色”的工具，但同时又坚持那些非常有问题的种族主义观念和做法，以少数族裔的利益为代价使白人受益。[15]色盲种族主义发挥作用的一种方式，便是白人持有的对少数族裔群体的刻板印象。[16]种族刻板印象使得教师将有关他们学生的特定假设（如学业成绩）归因于对该学生整个种族群体集体经历的推断。这些刻板印象于是为课堂教学需求的诠释提供了一种视角，使教师在指导学生时，不是把他们当作个人，而是根据他们的种族群体，对他们的学业价值进行不公平、不准确的描述。

本项研究发现，尽管对学生的某些种族刻板印象初看起来要比其他的更加“正向”，但即使是这些“正向”积极的刻板印象也会
143 再生产出白人的色盲意识形态。比方说，亚裔作为“模范少数族裔”这种描述，简化了其整个种族群体的生活体验，并且没有将学生作为单独个体来看待。这种实践同时还会施加许多压力到学生身上去满足这种刻板印象，让那些学业上很困难的亚裔学生隐身。[17]它还加剧了不同学生种族群体之间的紧张关系，使“模范”群体与其他群体对立。而事实上，这种紧张关系的根源在于白人更广泛的种族主义意识形态。[18]但是，白人学生却被视为个体——让老师对他们进行概括会触发白人老师的疑惑甚至愤怒，他们认为这种一概而论是不公平且很有问题的。最终这会导致老师们对好事或坏事发生在学生身上时的不对称归因：“模范少数族裔”如此聪明是因为他们的种族身份，而白人学生的聪明却是因为他们的能力和个人努力。此外，如果教师在课堂中传达这种观点，那我们可以想象到，它会以不同方式影响不同种族学生的学业自我价值。

尽管有关种族和色盲意识形态的理论阐明了老师对少数族裔学生刻板印象的不同形式和历史，以及相关做法能够有益于白人学生，但它们并不能帮助我理解为何教师会对同样的学生种族群体持有不同的刻板印象。相同的老师会把现有的拉美裔学生称为“友善的移民”，而将其他学校的拉美裔学生称为“犯罪分子”，这是为何呢？我们的社会存在这两种刻板印象，但是有关种族和种族主义的理论无法解释为何两种对立的刻板印象会同时存在，并且还能导致不平等的教育结果。

最终我认为，要理解教师观念的来源，我们不仅需要关注老师与学生的关系，也需要仔细观察老师之间的关系。尽管一些著名的研究记录了教师之间的信任对学生成绩的影响，但很少有研究探讨教师的工作环境如何影响他们对不同种族和阶层学生的看法。[19] 在研究这些学校时，许多教育研究的文献最初给了我一种隧道视野：
我所有的提问和观察都集中在学生以及学生和教师的互动上。但是 144
民族志研究的真正亮点在于，我无法忽视老师们在教师午餐室及学校其他地方分享的那些可怕谣言、同事间的情谊故事以及工作场所的过往。本项研究中的教师无意中指引我走向了有关组织文化的相关研究。

以学校为中心的组织文化研究认为，教师工作环境中存在老师们共享的规范。这些规范并不一定是老师带到学校的，更可能源自学校的历史，并且存在于特定的情境中。有关这一主题的现有工作探讨了不同学校在教师之间是相互合作还是相互敌对方面是否存在差异。不同学校间的确存在这方面的差异，并且这些差异能够影响学生的成绩。在教师通力合作工作环境中，学生基于种族和阶层的成绩差距会缩小；而在教师间合作较少、对彼此充满敌意的学校，学生基于种族和阶层的成绩差距会加大。[20]

我无法从本项研究收集的数据中指出老师们有关学生阶层和种族的刻板印象来自哪里，但我*能够*展现的是，老师是否持有这些刻板印象以及他们在学校中是如何使用这些刻板印象的。本项研究中，我发现在访谈时，老师们会展现出对亚裔学生多重的建构：模范少数族裔，抑或是由“虎妈”们抚养长大的、冷酷无情的黑客。但我发现，只有希斯克利夫的老师会用前者来看待亚裔学生，也只有谢尔顿的老师将亚裔看成后者。由于来自家长的压力，希斯克利夫的老师们共享一个为精英（即他们的学生）服务的做事取向。这种工作环境氛围符合他们在访谈中描述的模范少数族裔意象。而在谢尔顿，由于教师将周遭社区的人口转变视为对他们种族与社交边界的侵犯，老师们共享一种他们的学生具有威胁性的看法。这种看法正与他们在访谈中描述的“冷酷无情的黑客”的形象相吻合。

老师同样会分享对拉美裔学生的看法：友善的移民或是未来黑帮分子。但只有查韦斯的老师将拉美裔学生视为前者，只有谢尔顿
145 的老师将他们视为后者。作为他们家庭化、“同舟共济”心态的一种延续，查韦斯的老师们对学生共享一种照料者取向。这种心态来源于学校从一所小学到中学的转变过程。这种照料者心态与老师们在访谈中描述的友善移民形象一致。而在谢尔顿，上述那种威胁取向也被施加到拉美裔学生身上，学校的老师因此持有的是未来黑帮分子的刻板印象。

老师工作环境规范与老师对少数族裔学生的看法息息相关，并且直接影响他们对待儿童数字化娱乐的规训方式。谢尔顿的老师表示他们的工作环境是“人人为己”：充满敌意、老师之间的监视以及竞争。谢尔顿的老师之间的紧张氛围导致他们将中产阶级亚裔美国青少年视为“冷酷无情的黑客”，将人数较少的拉美裔学生视为“未来的黑帮分子”。谢尔顿的老师因此将儿童数字化娱乐视为对学业有着内在威胁，他们规训少数族裔学生娱乐的方式便是否定其作为学习成绩文化资本的潜力。查韦斯的老师表示他们的工作环境为“同舟共济”的，这是一种家庭式的充满支持与合作的氛围。这种“同舟共济”的氛围使得查韦斯的老师将工人阶级拉美裔学生视为“勤奋工作的移民”；老师们并不觉得儿童数字化娱乐是有威胁的，而是于学业无关紧要的。老师们将学校批准的活动局限于死记硬背的数字化劳动，他们认为这样有助于学生将来找到工作，成为当代的“工蜂”。[21]

色盲种族主义所带来的一个有趣结果是白人性的隐形，而这种隐形使得白人学生获益，无论其学校环境如何。这方面的文献认为，白人性在日常生活中并不被视为一种种族身份或者类别，在集体意义上被视作“正常的”以及无声的，而其他少数族群则以系统性的方式被标记。因此，白人的行为被认为是从个体出发的，而少数族裔的行为却被诠释为代表种族群体。这一点在谢尔顿和希斯克利夫这两所有白人学生的学校里得到了很好的体现，但却是以一种自相矛盾的方式进行的。希斯克利夫白人学生的成功被认为是他们的个人成就，而亚裔学生的成功则源于他们的亚裔身份（即“模范

146 少数族裔”）。在谢尔顿，亚裔和拉美裔学生不好的行为被认为是其作为亚裔（“虎妈”养大的黑客）或者拉美裔（“未来的黑帮成员”）的结果，而白人学生在这些过程中被忽略，或者被惩罚得更少。这种白人性的隐形既提升了白人学生的地位，也使他们免受少数族裔学生可能遭受的惩罚。

有关教师观念的教育研究大体上与有关学校工作环境文化的研究是两个相互独立的研究领域。我处理有关老师对学生娱乐规训取向来源这一问题的方式便是，表明老师的观念与教师工作环境氛围息息相关。接下来，让我们来讨论这些观念以及由此产生的数字化娱乐的规训方法，是如何以不同方式，将儿童社会化为校内外的数字化活动参与者的。

学校作为数字参与的社会化主体

我一直计划用一整章的篇幅专门呈现对学生的访谈，以了解他们是如何经历我在书中其他部分记录的学校机制的。起初我的方向是根据教育社会学与网络研究者的研究，探究何种因素能够影响学生是否会利用线上的资源。这些线上资源可以包括很多形式，例如线上新闻、政治、政府资源或者艺术。它们被一些研究者称为“提升资本”的活动，能够促进学习成果，与那些线下的资源并无差异。当然，了解学生在利用这些资源时是否受到不同的指导，会揭示很重要的数字不平等问题。

我从对孩子们的访谈中学到的最长远的经验之一就是，当你忽略了真正的故事时，他们会直截了当地告诉你。他们教会我，学校的教育不仅仅是教导学生如何去寻求“正确的”内容，也包括学校规训取向所扮演的重要角色。它不仅影响了学生是否会参与线上生活，还能影响学生*如何*参与线上生活，而这些不同的方式往往会导 147
致不同的收获。我发现希斯克利夫的学生在网上精心打造一种专业化的身份，旨在向精英大学展现自己已经准备就绪。而查韦斯的学生主要是在朋友之间创作和分享内容，并没有展现出一种如何在网络上呈现自己的制度化思维方式。谢尔顿的学生则因为害怕老师的惩罚，在网上将其身份隐蔽，除了学习成绩单以外，为将来的大学或者雇主留下很少的数字痕迹。

这些反应很重要，因为它们通过将社会学思维与学校社会化相联系，揭示出一个学者们称为线上“参与鸿沟”的关键侧面。媒体研究者们认为，人们是带着不同的分配资源来到信息充足的网络世界的。这些资源也就是关于如何寻找和利用重要网上信息与网上学习的知识技能。量化研究甚至已经开始发现线上参与人口学意义上的差异：更加富裕的人比不那么富裕的人更有可能利用网络来了解股票价格、查看经济与政治新闻、使用电子邮件、使用搜索引擎以及获取健康资讯。社会经济地位和性别与在网上不仅是消费媒体或者信息，而且创建、分享其内容的行为相关。这些令人担忧的不同社会经济地位、性别以及教育背景的人在线上参与上的差异被网络研究者们视为潜在不平等的标志。这个章节的贡献不仅仅在于理解学校是如何影响学生是否会获取线上资源的，同时也在于理解学生是如何学会以不同方式筹划自己的线上活动的，而这些不同方式会导致不平等的结果。

想要全面了解儿童的数字化实践需要了解线上参与的当代竞争环境。幸运的是，网络研究者们在这方面已经做了一些理论工作，厘清了*网络化公共空间*这一概念，即将本地和全球的人们联系在一起的网上互动的舞台。[22]他们借鉴埃尔文·戈夫曼（Erving Goffman）的观点，认为人们会采取策略来驾驭网络化公共空间，因为共享媒体或在线互动会渗入其他环境，不仅包括其他网站、社交媒
148 体网络和在线社区，还包括线下环境。想一想这种情况：一个人将你一张尴尬的照片传给了一群朋友，其中某个人也许会保存那张照片，上传到社交网络，谁知道之后谁又会看到这张照片呢？正如我在第四章中阐述的，“网络化公共空间”指的是那些大量存在着的线上情境，在任何时候它们都可能将数字痕迹与其他观众联系起来。令人着迷的是，我发现在教师如何将学生社会化，使其掌握驾驭网络化公共空间的特定策略方面，学校层面存在差异。

教师对学生数字化娱乐的规训方式正是导致学校层面学生线上参与差异的机制之一。记得在凯撒·查韦斯（主要是拉美裔工人阶级学生），教师通过告知学生数字化娱乐与学业*无关*来规训他们。反过来，学生们也逐渐认为娱乐与学业截然不同，并且无关紧要。青少年们于是在网上从事充满乐趣的活动，例如电子游戏、媒体内容制作以及音乐创作。他们的朋友是这些活动的主要观众。相反，希斯克利夫中学（主要是富裕白人学生）教师通过向学生传递数字化娱乐于学业*至关重要*的信息来规训数字化娱乐。结果，数字化娱乐与学业变得息息相关，这些学生也精心策划着他们的线上身份，

包括一些兴趣爱好活动如电子游戏，也包括一些具有世界性眼光的爱好，例如体操、辩论与以色列格斗术。他们在这样做的同时，也会考虑到老师和未来的大学招生官可能会看到他们的活动。谢尔顿（主要是中产阶级亚裔学生）的教师规训数字化娱乐的方式则是向学生传达他们的娱乐对学业是有*威胁性*的。与查韦斯的学生一样，谢尔顿的学生逐渐认为娱乐是与学业完全不相关的，并且花费很大的力气来隐藏他们在线上的痕迹：锁住他们的社交媒体账号，不对公众开放，或者使用幽灵账户，即以几乎不留痕迹的方式参与线上活动。他们这样做是为了避免被老师发现：老师会因为他们“胡闹”而惩罚他们，他们经常看到其他学生遭遇这些。由于这些严格管理的线上措施，这些学生表示他们希望未来的大学能够只关注他们的学业成绩。

这表明对娱乐的规训是一种教师驱动的社会化形式，这种社会 149
化创造出一种“学校”与“娱乐”的边界，影响学生们看待其创造性工作与教育机构之间关系的方式。这种关系的一个副产品是，学生会对以下问题形成一种规范性的诠释：数字化娱乐是否在线上是合适的；如果是合适的，那么是否其潜在观众应当包括教师、大学招生官等教育权威者，以及未来的雇主。此外，不同种族与社会阶层背景的学生在这些方面会产生差异。只有希斯克利夫的富裕白人学生会精心策划他们的数字化身份，就像未来申请大学准备的简历一样。

本研究揭示了学校在影响青少年在线活动参与方面所起的作用，以及学生不同种族和社会阶层在这方面的差异，从而帮助我们解开了互联网学者在量化研究中观察到的数字参与差距之谜。但这些学生也为本项研究注入了一种社会学视角，即他们是否参与线上活动与他们*如何*参与一样重要。具体来说，本项研究中的学生根据其观众以不同的方式参与了线上活动。网络环境并不像是有关线上活动“提升资本”的研究所认为的那样，仅仅是学生们获取信息、政府资源或者欣赏艺术的地方。它们也是学生线上互动持续存在，可能永久存在的地方。本研究中的学生表明，在是否应以教育机构青睐的方式参与线上活动方面他们受到了不同的指导。

接下来我将讨论以上发现以及本书其他章节中的发现所带来的理论与现实作用，从学生的线上娱乐开始，到教师工作环境文化，再到教育中规训娱乐的文化性后果。本书并没有打算成为解决这些问题的应用手册，但我在本章结尾将用通俗易懂的语言说明本书的主题如何能够运用到这些关键的利益相关方身上：教师（包括课程设计者）、教师职业发展的管理者、家长与照料者以及教育科技技术人员。

学生的创造力与异化

细心的读者会注意到，这本书中描述的很多现象在没有数字科技的情况下也会发生。我记录下的这些机制——教师传达给学生有关他们娱乐的价值、教师工作环境以及组织文化——即使在数字
150 科技缺席的情况下也有可能发生。本项目之所以具有社会学意义，
就在于它关注了社交氛围，而这种氛围会影响学生的娱乐作为成

功的文化资本是否被激活。“数字时代”为检测不平等童年以及教育中文化不平等理论提供了重要的背景。它让我得以展现学生在学校的异化过程，而这种异化并不能完全归因于不平等的儿童养育实践。

教育中的社会再生产理论在很大程度上依靠马克思的阶级理论来解释学校教育的异化过程。马克思理论中一个核心的部分就在于，制度是通过控制工人的创造力来统治人的。马克思认为，工人们真正有创造力的自我被扭曲、被压制，以使得他们为了次等的工作报酬，将醒着的时间全部投入重复的工厂劳动中。运营这些工厂的资产阶级创造了一种条件，让工人阶级以系统性的方式在工厂车间体验自我的丧失。众所周知，鲍尔斯和金蒂斯在阐述教育中的社会再生产理论时，使用了这一观点。根据他们的论述，服务不同阶级群体学生的学校会将儿童社会化为有不同的习惯、技能以及对于自我价值的观念的人。富裕阶层的孩子被教导成为坚定的 CEO 们，他们看得见机会、从事具有创造性的冒险，并且能够兑现承诺；中产阶级的孩子则被教导成为经理人，负责企业的运转；工人阶级的孩子则被教导成为工厂工人。学校社会化的作用是让儿童形成持久的习惯和性格，如志向、学业自信心和课业方法，引导他们走上不同的学业道路，并在劳动力市场上取得不同的阶层化成果。

社会学家们大都认为今天的数字科技与早年间学者们研究的工厂技术大不相同。而在我看来，它们的本质是一样的，都是在资本主义发展过程中被使用的人为制造品。本项研究的一个中心目标在

于，厘清数字技术是否以及为何被学校老师以不同方式采用，并且
151 导致社会再生产。坏消息是，虽然老师们都有着最好的意图，但我发现他们的确这样做了。当我在试图理解数字科技在这些学校被使用的方式时，我了解到一些鲍尔斯和金蒂斯的社会再生产理论中忽略的，但马克思一直都知道的事情：学校社会化一个至关重要的部分在于，老师们在学生意识中植入了一种“内在监督者”，它就是“工作”与“娱乐”在制度化控制的环境下所存在的特定结构关系。这种工作与娱乐内在化的边界正是文化指导行动的方式，这些行动不仅仅只限于校内，也包括校外甚至线上的活动。而这些方式在不同学生种族和阶层群体之间是不同的。

与这些发现最相似的是保罗·威利斯的作品。[23]他发现教师对待工人阶级与中产阶级学生的方式是不同的，这些方式让前者远离学校文化，而让后者相反能够融入学校文化。这种分化出的远离和融入导致学生形成对毕业后工作环境的不同品位，如工人阶级学生更喜欢工厂车间，因为这让他们感到熟悉，也认可他们此前因教师的阶级边缘化而参与其中的文化是正确的。我认为本项研究能够从以下几方面对这个主题的研究做出贡献。第一，通过对三所学校的比较研究，我展示出这样的故事不仅仅发生在一所学校内的分层过程，它也会发生在不同学校*之间*：老师们并不需要隔离在他们自己的学校内才能够促成系统层面的社会分层。第二，我的研究表明，社会阶层只是包括种族在内的更广泛的身份体系的一个方面，而教师正是利用这些身份来管理学生的。第三，通过研究初中而不是高中，我能够聚焦在儿童娱乐上，并且是在一个娱乐游戏对他们的成

长十分重要的时间段。观看教师从孩子十岁起就开始管教他们的玩耍娱乐，然后比较十岁和十四岁的孩子如何向教师谈论他们创造性的自我价值，这十分引人入胜。它教会我，融入或者远离在很多方面都与儿童以不同方式看待娱乐（他们的创造性自我）对他们学业的重要性息息相关。

此外，在思考这项研究中每所学校的学生所形成的对娱乐和工
作关系的不同看法时，我并不认为，任何学生——无论富人还是工 152
人阶级，白人、亚裔或者拉美裔——是真的“赢家”。当然，希斯克利夫的富裕白人学生是朝着继续向上流动的方向被培养的。我仍然认为马克思是对的，统治的制度化过程会扭曲所有被制度影响的人。[24]马克思有关异化的理论指的是在一个分层社会内一种疏离的人类体验。工厂工人，就像是这项研究中的拉美裔学生，被迫将他们的创造性自我视为在工作中是不受欢迎的。这正是马克思所描述的异化的一个例子，即这种对创造力的非自然管制，使工厂工人成为空壳，他们不得不花上几个小时来制造与自己毫无意义关联的产品。而在访谈希斯克利夫中学的学生时，我发现他们形成了一种“怪异的”思维方式，他们认为自己的创造性自我只有在能够向权威人士（例如那些教育机构中的）传达其道德价值时才是重要的。[25]这与凯撒·查韦斯中学的学生所描述的课外娱乐，比如与表亲一起制作线上音乐，或者与朋友在《我的世界》中创作世界，形成鲜明对比。这其中存在着巨大且重要的权力差异，希斯克利夫的学生或多或少被引导走向持续的经济保障，而查韦斯的学生则被引导走向工人阶级的工作。但是，我依然认为，即使是希斯克利夫的学生，

他们也会经历一些异化，因为他们的创造性自我已经与教育机构融合了：他们的价值由系统看待他们的方式决定。

我在这里想要传达的是，对娱乐的规训为儿童制造了极高的风险，因为它能影响他们看待自己的创造性自我的方式。换句话说，规训娱乐是一种异化的方式，它是教育中实现社会再生产的一种方式。

文化资源与数字化区隔的理论

这本书的另一个目标在于厘清研究文化资源的教育社会学家所
153 进行的一些思考。有太多的教育研究建立在不平等的童年这一观念之上。这种观念认为，孩子们带着基于阶层差异的习惯与技能来到学校，也因此导致了不同的结果。这种观念存在的一个问题是，许多人误读了它，认为这意味着家长们需要以不同方式养育他们的孩子，因此贫穷家庭也应当学会富裕家庭教给他们孩子的事情。[26]这错误地将压力放到了家庭身上。贫穷家庭的父母被认为要在给予他们孩子成功资源上“做得更好”。事实上，布迪厄真正的意思在于，问题出在教育制度上：教师根据较富裕人群所共享的成绩标准（不仅仅是他们的考试成绩，还包括他们寻求帮助的时机和方式、他们的兴趣爱好类型等）给孩子们打分。

另一个问题在于，我们这些布迪厄主义者在探究种族与阶层，或者更广泛的其他地位的交叉性上，做得太少。[27]除少数例外情况外，我们从教育中的文化资本研究中得出的论点是，如果拉美裔工人阶级的孩子和白人工人阶级的孩子学习同样有价值的文化资源，他们都会取得成就。这种观点的核心即文化流动性的理论。在本书中，我使用了数字化技能的例子，明确指出了这种文化流动性的理论是错误的。我认为这种观点的创立者起初其实是误读了布迪厄。教育机构执行的“游戏规则”（布迪厄称之为“社会场域”）[28]不一定只基于社会阶层。它们可以是任何形式的习惯、技巧或者身份，只要它们是制度化机构中权威人士的共享期望的一部分。美国教育系统的历史与种族历史深度关联，因此在有关学校教育的文化理论中不承认种族的重要性是无法对教育公平研究做出贡献的——坦白说，这其实是我们社会学知识殿堂里的制度化种族主义。[29]它会导致有关平等的理论对少数族裔学生和他们的家庭在文化流动上许下虚假承诺。

我说这些并不是要贬低数十年来学校在文化资本和阶级分层方面所做的工作。这些工作的数量之大和可复制性清楚地表明，教师在对待孩子们基于阶层的技能差异时，会将其视为对学校有价值或无价值，并系统性地奖励中上层白人学生，而不是工人阶级白人学 154
生。事实上，我还希望阐明的是，随着数字技术被吸收到特权家庭的育儿实践中，我预计这种现象的元素很快就会再现。我们也许会很快忘记本研究进行期间的情况，即许多数字科技的第一批采用者是青年人，并且他们被认为在使用技术方面要比成年人在行。当这些熟悉技术的青年人逐渐老去，成为家长，我预计，机构内部可接受的数字化使用形式将扩展至学校权威人士和中上层家庭中。

我从这个项目中得到的启示是，文化资源并不像货币一样，可以交给任何人来换取回报。[30]本研究中的学生群体种族与阶层背景都不同，他们在与朋友的线上娱乐中发展出一系列数字技能，如线上沟通、合作与数字化创作。虽然每个学生都拥有这些知识，但只有在那所主要是富裕白人学校的学生享有将他们的数字知识*作为货币*来交换成就的权利。学校组织环境不仅能决定理想的文化资源是什么，同时也能决定谁会成为促成交易的*买家*。查韦斯与谢尔顿的工人阶级拉美裔与中产阶级亚裔青少年拥有同样的资源，但并不被允许使用它们来交易——获得奖赏。

那么，究竟是什么决定谁能获得由机构看重的文化资源所带来的奖励呢？我认为，是教师对学生种族和阶层的共享看法与渗透在教师工作场所的长期规范的混合体。希斯克利夫的少数亚裔学生也被告知，他们的娱乐对学习是至关重要的。那里为精英服务的教师文化促成了他们对待数字化娱乐的方式。但老师们也会使用有关亚裔作为模范少数族裔与拉美裔作为勤奋移民的刻板印象来解释为什么他们的娱乐活动是重要的。而在谢尔顿和查韦斯，它们各自敌对的或者家庭式的教师文化都体现在对学生种族化和阶层化的刻板印
155 象中，剥夺了孩子们将数字资源作为货币进行交换的能力。谢尔顿“人人为己”的教师文化氛围让他们形成亚裔学生都是“黑客”，而拉美裔学生都是“黑帮成员”的观念，因此儿童娱乐具有威胁性。在查韦斯，家庭式的氛围让白人老师定位自己为家长，相比他们“照顾”的工人阶级拉美裔学生，他们“知道得更多”，因此学生的娱乐是教师们强加的基础技能的一种补充。教师工作环境的规范与教师带到学校的对少数族裔学生的刻板印象相互交织，塑造出了对

儿童娱乐的规训方式。在某种程度上，这与物理学家们研究光在不同介质中的运动没什么不同。老师对学生的观念在穿透学校环境时发生折射，这就成为看待学生潜在资源的一种方式。

我想简短地回过头来谈谈，随着善于使用技术的人年龄的增长，数字技术会如何被家庭和孩子所采用。对数字实践更加熟悉的家长可能会发展出合理使用数字科技的不同标准，并将这些实践传授给他们的子女。我没有理由去怀疑，传统的布迪厄式模型会再一次扎根并且强加给人们一个数字化的铁牢笼。与条件较差的家庭相比，条件优越的家庭会教给孩子更符合学校的期望的数字实践。[31]

然而，我相信，本项研究也窥见了数字化区隔的样貌，社会学家们在继续研究 21 世纪文化分层的发生与结果时，不会错过这些文化上的线索。数字化区隔建立在青少年探索网络化公共空间的差异之上。社会学家最熟悉的是“公共领域”，这是哈贝马斯首次提出的一个短语，用来描述社会的一个层面，像剧场一般，现代社会成员在其中参与公民活动。[32]民众在公共领域中互动的方式包括填满城镇中心的演讲台、为报纸写一篇社论以及参与社区大会辩论等。“网络化公共空间”描述了人们如何探索存在于网络上的“剧场”，它们全部都由网络科技相连接。[33]没有一个数字化公共空间是完全私人的，因为线上的沟通会留下印记，在不同环境中分享。 156

我发现，本项研究中的学生在他们的线上数字足迹上存在差异。由于老师们传达的有关数字化娱乐的不同信息，这些学生形成了探索数字化公众不同的方式，对机构中权威者如何通过数字足迹来评判他们的价值产生了不同看法。例如，希斯克利夫的学生尝试精心策划他们的线上活动，展现出他们在高端兴趣活动（如以色列格斗、辩论等）以及学业潜能（赢得写作比赛冠军等）上的能力。谢尔顿的学生则害怕机构权威者们会看见他们，并相应地将网上账号对公众锁了起来，希望自己在学校考试的成绩成为大学招生官们唯一看见的东西。查韦斯的学生被告知他们的娱乐消遣活动于学业毫无用处，所以他们从事的各种数字创意活动，是任何人只要在网上无意中发现就可以进行的活动。如果大学招生官看到这些，可能会对这些学生造成一些不好影响。

总的来说，我敦促研究者们去探索青少年如何在他们的周遭社会中形成在网络化公共空间中不同的习惯。同时也需探究机构权威者们看待这些线上实践的不同方式。首先想到的当然是大学录取的过程，但也可以想象这些线上参与的不同方式会在别的领域产生影响，例如人们就新闻文章或社会问题进行辩论的数字环境、在线学习环境等。

白人种族意识形态与学校组织文化

本书所传递的一个中心思想扩展了教育研究者们多年来以不同方式论证的一个论点：仅仅为学生和教师提供新的技术本不会对学生成绩差异产生直接影响。[34]技术本身并不会从本质上创造良好的
157 课堂，技术是通过被教师与学生*采用*来实现教育目标的。这并不是说我们不应该保证教师与他们的学生使用最新的科技。更加复

杂的一个问题是，究竟何种因素会塑造学校对已有科技的使用方式。在本书中，我展现了一个主要的因素：教师工作环境氛围与他们对学生种族化、阶层化观念之间的关系。教师观念与他们工作环境的氛围是理解数字科技如何以及为何以不同方式采用的关键因素。

探究老师们关于儿童种族化、阶层化观念的来源已经超出了本研究的范围。教师可能是这些观念流传于其中的文化环境的一部分，而这种文化环境的观念很可能与白人种族意识形态的现有理论概念相一致。值得注意的是研究中的少数族裔教师，他们有时在访谈中表现出对同一种族群体学生的不同看法，有时会对某种族群体学生的负面、主流成见提出质疑。

无论其来源如何，本研究中主要为白人与中产阶级的教师所持有的刻板印象是造成教育不平等的机制中的一部分。白人学生被描述为个体，而亚裔与拉美裔学生则被描述为其种族与阶层身份的化身或者代表。有时这些观念是“正向的”，例如模范少数族裔或者工作努力的移民。有时这些观念则是“负面的”，例如“虎妈”们养大的黑客或者未来的黑帮成员。这些刻板印象的存在使白人学生无论在何种情况下都比少数族裔学生受益。白人学生的成功与失败被看作是个人化的，并不会被归因到有关白人青少年的刻板印象中，而亚裔和拉美裔学生的成功和失败都会被归因到他们族群的刻板印象中。[35]这些现象与已有研究中有关白人种族意识形态的当代形式相吻合。尽管这些老师告诉我，他们“看不见种族”，但同时 *158*
他们会展现一些非常有问题的种族化观念，以及对儿童娱乐的不同规训方式，这些都有利于白人学生而歧视少数族裔学生。

无论这些刻板印象是正向或者负面的，它们都会对学生的教育发展带来真正的伤害。在这里我无须重复那些有关种族或者阶层身份负面刻板印象所带来结果的汗牛充栋的研究。[36]甚至是那些有关学生的“正面”的刻板印象也会限制他们的潜力。本项研究中成绩好的白人学生学会的是，他们的成功是由于他们自己的行为；而同样优秀的亚裔和拉美裔学生接收到的信息则是，他们的成功是由于其种族和阶层身份带来的集体文化中对职业道德的推崇。这些学生形成了一种印象，即他们的成功最终不是因为他们自己。因此这些不同对待会对儿童自身的认同与自我效能感产生真正的影响，在不同种族和阶层学生间形成差异。此外，有研究发现，尤其对于亚裔学生来说，代价就是要不断满足这种“正向的”模范少数族裔刻板印象所带来的要求。

这些刻板印象同样从本质上限制了老师对少数族裔学生工作前景的看法。在查韦斯，老师们将自己看得像白人传教士一样来帮助这些弱势群体。作为他们共享的来自“破碎家庭”的“努力工作的移民”这种刻板印象的一部分，他们认为学生带到学校的文化知识与风格对学习与成就是毫无价值的。在他们看来，想要真正帮助这些孩子，就必须向他们教授工厂车间所需的基础技能。尽管教师们的初衷是好的，但这是一种深度聚焦的隧道视野，使得拉美裔工人阶级学生在有机会憧憬其他道路之前，就得从事工人阶级的工作。

这个项目一个显著的缺点是，这些学校都没有足够的黑人学生来提供额外的比较。[37]尽管老师们对亚裔与拉美裔学生都持有多重看法，但他们对学校为数不多的黑人学生似乎只有一种刻板印象："麻烦制造者"。将来的研究在厘清教师观念的来源时，可以对这些有关少数族裔学生的刻板印象的流动性进行比较。有可能一些种族群体的界限，如黑人群体，是如此坚固，以至于白人教师只有一种 *159*
明确的负面建构能够用来借鉴。[38]

教师对非白人学生种族化及阶层化的观念是形塑他们规训娱乐的一个因素。另一因素便是教师的工作环境。以往研究中对教师工作环境氛围的关注相对较少，而在关注这些氛围的研究中，焦点往往是特定的团队－教学结构如何影响学生表现。[39]在不否认我们从事教育研究的初衷——了解并改进影响学生的教育过程——的前提下，我认为缺乏对教师工作环境的研究表明，我们普遍对教师日常生活缺乏兴趣。研究中我了解到教师们在不同学校工作的日常经验，他们在竞争激烈的市场环境中寻求终身职位的奋斗故事，以及他们在工作环境中面临的挑战。同时很明显的是，这些教师普遍感觉他们的故事被认为是不重要的。教师工作环境可以作为丰富的数据来源，不仅有助于理解学校组织的运行方式，也能够帮助我们思考如何帮助教师有效克服工作中遇到的困难，让他们过上一个稳定的高质量生活。

老师们有多种有关少数族裔学生的刻板印象，但我发现，他们所处的工作环境会影响其对学生采取的具体刻板印象。[40]谢尔顿的老师进入的是一个"人人为己"的充满敌意的工作环境。老师们会在公共场合攻击彼此，并且为了私人利益暴露别的老师的短处。在这样的环境中，亚裔儿童是黑客、拉美裔学生是未来黑帮成员的刻板印象就“说得通”了，尽管老师们会将其在别的地方教过的这些族裔的学生称为模范少数族裔以及友善的移民。查韦斯的老师将彼此视为家人，老师们交往的方式是彼此合作、互相支持。在这种环境下，他们对拉美裔学生所持的未来黑帮成员的刻板印象就“说不通”了。相反，他们使用拉美裔学生是辛勤工作的移民这一刻板印
160 象来定义他们现在的学生。这种组织文化与组织内成员带到学校的文化的互动是未来研究中一个值得探索的方向。例如，不仅在教育领域，而且在企业、医院甚至执法机构等其他组织环境中，权威人士是否也存在这种现象，值得探索。

我同样也相信，上述这种教师观念与学校组织文化之间的互动同样也起到了掩盖白人种族意识形态的作用，甚至也掩盖了展现出这些互相矛盾观念的白人。在我田野工作的过程中，我发现老师们甚至很难想起上课时曾说的话（有关种族主义或者别的话题）。他们将自己形容为处在一种“自动巡航”模式。这往往是由于他们在拼命完成课程计划时所产生的压力、时间管理以及学生管理的交织。一些学者将对社交氛围的有意识关注称为“审慎意识”，而将那种无意识的、潜意识的处理过程称为“自动意识”。[41]有些教师在课堂教学中可能没注意到自己所持有和表达的种族主义观念，因为他们的大部分精力都用在了满足工作的明确要求上。这种审慎与自动意识的混合也许会让白人老师们批判性地反思其种族主义观念变得更加困难。同时我也认为，这种教师观念与学校组织文化之间的互动提供了一个*机会*，来挑战和解决学校环境中对种族主义观念

的默认接受。如果学校能够找到一个方法，为老师们谈论与反思其自身种族化的意识形态创造一个安全的环境，将其由一个自动的过程转变为仔细审慎的讨论，那么他们也许就可能重新思考规训学生娱乐的方式。

携手并进

正当我穿梭在不同的工作会议中时，我的手机在口袋里震动起来。把手机拿出来后，我看见一条来自一位在教育领域工作的朋友的短信。他曾担任多年的科学老师，现在的工作是管理 K-12 教育
中有关科学、技术与工程的事项。在短信中，他分享了一篇新闻文 161
章，其中报道了附近一个大型学区已经全面禁止使用手机。他询问我对此有何意见。在接下来的讨论中——整个下午，我们在各自的工作岗位上进行着不时的交流——我们涉及了许多话题。我了解到，他的教师同事们认为“禁止手机”的政策非常重要。他们相信学生对手机是上瘾的，如果让学生们自由使用手机，那只会意味着他们会在社交媒体上捣乱、互相霸凌，并且分散他们学习的注意力。

讽刺的是，他和我正通过手机进行一个十分认真的探讨，并且同时还在兼顾别的工作项目。我们通常不会看到成年人的手机在工作中被拿走，我们中的很多人也需要在工作中使用手机。那究竟为什么我们对待青少年的方式是如此不同呢？

在观察学校老师以如此不同的方式来规训儿童数字娱乐活动的

价值，以及根据学生不同的种族和阶层背景而产生的巨大差异后，我担心的是，限制科技使用的政策并不仅仅建立在对上瘾、屏幕时间长、分散注意力以及霸凌的担忧上。这些论点一点也不新鲜：历史上的科技进步，包括电视、电话、广播甚至印刷媒体的出现，都伴随着对注意力分散以及对发展负面影响的担忧。[42]我从本项研究中学到的是，老师们对于不同种族和阶层学生的观念，和充满敌意或者支持氛围的教师工作环境，都会影响老师们看待已有科技的价值——不仅是手机，也包括手提电脑、智能白板以及电子游戏与社交媒体。

尽管我坚定相信，社会科学家们在识别社会问题上的能力上要远好于其解决问题的能力，基于本项研究，我依然有几点想法。我认为它们在促进更加有效的学校教育以及学生发展方面是值得探索的。

我认为，我们作为教育从业者，在创建课程以及在课堂上与学生互动时，需要反思究竟什么*算得上*知识和素养。在本项研究期间，我观察到对联邦政府有关学习期望的指导的不同解读，并且见证了对数字化的标准化考试不断上升的强调，因为这种方式
162 能够以“最好的”方式来使用科技。这种推动可能会分散学校管理者和教师的注意力，使他们将重点放到利用学生的兴趣（这些兴趣越来越数字化，如社交媒体和电子游戏）并将其融入课堂活动上来。这样做能够帮助所有背景的学生，让他们觉得自己对教育机构来说是重要的。老师们便能找到学生兴趣与学业话题之间的联系。

我同样也意识到对学校系统、数据采集和使用以及教育科技公司之间的互动的研究的迫切性。由于数字科技广泛应用到行政管理上，学校现在拥有的学生数据多得不知如何处理。在本项研究中，当学校想要利用这些数据时，更多的是用来监控以及规训，而不是用来评估和提升教学与学习。我担忧教育科技公司会如何处理他们收集到的授权使用其数字应用程序的学校的学生数据。他们会将数据交还给学校吗？他们会为了给教育从业者提供对学生成果的分析而帮助提升教育程序吗？在日常教学和学术项目评估中，学校使用学生数据的标准和方法是什么？[43]

最后，教育科技公司在设计其工具时应当显著增加对老师需求的考虑。本项研究的许多老师感觉非常沮丧，因为要找到一种符合他们的教学标准、给予他们根据课程来调整的足够灵活性的教育科技应用是非常难的。将老师纳入科技设计过程中的方式有很多。产品开发者们可以雇用老师来担当咨询者的角色；他们也可以将老师作为研究的对象，为教育技术的设想、设计和实施提供信息；教育组织可以在当地或全国范围内制定指导应用程序开发的设计原则。如果这些原则是由老师们制定，也是为老师们制定的，它们就能够指导教育科技公司的工作，也会给公司带来更好的下游产品。

像我这样的研究者关心儿童与青少年的一个原因便是，他们拥
有比成年人更多的自由去玩耍、捣乱，并且会说和做一些在我们的 163
社会中成年人不被允许的事情。这不仅能够为帮助理解青少年发展提供有趣的数据，在更广泛的意义上，也能帮助我们理解人类行为。青少年文化与科技研究者们都会同意，在某种程度上，娱乐玩

要是可能性的化身：游戏允许玩家们暂停已有的规则并且尝试不同的规则，暂时扮演不同的角色，以及实践一种他们通常在生活其他地方不会展现的思考和互动方式。娱乐玩耍可以帮助我们以不同的方式看待这个世界，并且迸发出新颖的想法。因此，重要的是，我们要努力揭示那些抑制游戏的可能性，对其实施规训的各种社会不平等再生产的方式。

致　谢

致 谢

从某种角度看，我感觉自己似乎别无选择，只能写一本有关教 165
育的书。我成长的环境里有许多教师与未来的教育工作者。我的母亲，Anne Herron，职业是教师和学业主管，并且曾担任一所社区大学的教务长。她的兄弟，Pat Herron，是一位著名的高中历史老师。我的姐姐，Jenna Rafalow，以及她的伴侣，Bryant Braga，都在学校工作：她是一位学校社会工作者与指导顾问，而他则是一名历史与数学老师。学校过去是，现在也是，我生活的一部分。

但我也发展出了对各种数字科技诚挚的兴趣，尤其是对计算机和电子游戏。我的父亲，Peter Rafalow，是我这项兴趣的超级支持者；他自己是一名“视频发烧友”，学习过媒体制作，并且帮助制作过加利福尼亚州早期的有线电视节目，之后成立了自己的公司。（非常巧合的是，他现在*也*是一名大学老师，为年轻的艺术家们教授视频编辑。）虽然这本身并不是一种爱好，但我的母亲在我还是孩子的时候就非常喜欢她的任天堂掌上游戏机。俄罗斯方块是她的最爱。我深深地记得，当我们准备进入梦乡时，她的设备里会传出安静的嗡嗡音乐声（对于俄罗斯方块迷来说，这是一首名为“A-Type ”的主题曲）。有时候我也会坐在她的身边，满怀期待地看她玩到最后一关。

无须多言，学习与电子游戏是我成长过程中给予我许多支持的两项活动。我非常幸运，我的父母帮助我找到那些富含娱乐和教育意义的电子游戏，来继续发挥我的这些兴趣。我相信这些早期的支持给了我品位、动力以及许可，让我在我的事业中继续追寻这些兴趣。谢谢你们，妈妈和爸爸！

第二章的一些部分曾经发表在“Disciplining Play：Digital 166

Youth Culture as Capital at School," *American Journal of Sociology* 123, no. 5 (2018): 1416 - 52 © 2018 by The University of Chicago。我感谢这本期刊的出版社与编辑们准许我再一次使用这些材料。

我作为一个学者的发展离不开那些培养了我研究方式的老师们。感谢 Abigail Cheever 和 Ladelle McWhorter 带领我走入文化理论的领域中，并且支持我在里士满大学读本科时的学术兴趣。在哥伦比亚大学教育学院时，我有幸从 Nancy Lesko, Aaron Pallas，以及已故的 Tony "Hugh" Cline 处获益良多；是他们开启了我对有关青年文化与社会制度问题的思考之路。我在加州大学尔湾分校的两位导师与博士论文委员会主席，Francesca Polletta 和 Cynthia Feliciano，在过去十年里，训练了我在研究设计以及社会理论方面的能力。她们还支持我跟随直觉去研究科技和青年文化，而当时这个研究领域对数字现象并不重视。我也必须感谢 Mizuko Ito 让我加入 Connected Learning Research Network 研究团队，并且为我的研究生生涯提供了慷慨的资金支持。Mimi 不仅在项目中是一位很棒的导师，还向我介绍了许多研究青年与数字化学习的学者。

这本书得益于许多才华横溢的学者和教育工作者们的反馈意见，在此我深表感谢。我要感谢 Mariam Ashtiani, Edelina Burciaga, Yader Lanuza, Amber Tierney, Jessica Kizer, Paul Morgan, Alicia Blum-Ross, Antero Garcia, Amber Levinson, Morgan Ames, Cassidy Puckett, Ann Hironaka, Andrew Penner, Mark Warschauer, Crystle Martin, Amanda Wortman, Phil Kim, Barbara Ammon，以及加州大学尔湾分校社会学系种族研究工作坊的成

员们。Chris Thaeler 对书稿的仔细阅读与意见极大提升了这本书的清晰度。我从芝加哥大学出版社的三位匿名审稿人处获得的建议也十分宝贵，帮助我大大提高了书稿的质量。

我的编辑，Elizabeth Branch Dyson，从一开始就相信这个项目，并且给予我方向和时间，让我更好地完成。同时我也真心感谢 167
她为人类数字化行为研究在社会学中挤占一席之地提供的帮助。这门学科会因此变得更好。

虽然这个项目是我在加州大学尔湾分校期间进行的，但我还必须感谢我谷歌公司的同事如此支持我的学术工作。YouTube 的研究员 Josh Lewandowski 和 Laura Naylor 为我在公司开展项目的同时继续完成学术项目开辟了道路。此外，我与 YouTube 设计师们的合作是我职业生涯中最有价值的经历之一。他们教会了我许多：系统设计中的艺术和技巧；研究在指导应用式解决方案时所具备的无穷影响（以及限制）；拥有激情和共同目标的跨职能团队的力量。我想要感谢 Jason Bento，Lilian Chen，Venus Wan，Lyric Liu，Kristen Stewart，Kristofer Chiao，和 Xinni Chng。

我的伴侣，Emmanuel Castañeda，从我们相遇的那一天开始便在支持我的工作。他对我思考的反馈常常让我觉得他在另一段人生中一定是一位社会科学家。他的家人，Castañeda 一家，是我的生命和能量的重要来源，每一次见到他们都能让我感受到充满活力。我还想感谢 Eva Marie 的陪伴与照顾，她可能自己都没有意识到。最后我想感谢我的姐姐 Jenna Rafalow，在所有事情上，她都是我受到鼓励的源泉，也是我的盟友。

附录

方法论

样 本 169

任何一位研究学校的学者都会告诉你，进入学校开展研究可能会非常困难。项目伊始，我给南加州一个地区方圆三十英里内的所有公立中学校长发了电子邮件，介绍了这项研究，并要求召开一次预备会议，讨论学校的参与可能性。本项研究获得了加州大学尔湾分校的研究许可[1]，我将其描述为有关在教育中使用数字科技的挑战和机遇。在发送电子邮件后，我还给每一位校长追加了一次电话，并且获得了 10 次谈话的机会。在这些谈话中，我向他们询问了学校已有的数字科技，并回答了他们有关这个项目的问题。最终有四所学校表示了兴趣，我从中选择了两所在学生种族和阶层背景上有很大差异的学校。我对另一所私立学校的招募则是通过一位认识这所学校老师的同事的关系。

理想的情况下，这种类型的研究设计用来对比的学校应当在关键的变量上不存在互相干扰，这些变量包括学校类型、科技资源以及学生的种族和阶层。为了解决其中的一些问题，我首先确保的是，我所选择的公立学校可以与私立学校进行比较。这三所学校不仅都配备了高质量的教学数字科技，也都同样致力于在教学中使用它们。每所学校也都积极地支持老师使用这些科技，并对技术进行评估，将技术融入各学科的日常课程中。这就最大限度地降低了学校层面的数字鸿沟影响结果的可能性，这种鸿沟不仅体现在使用机
会上，还体现在机构的使用重点上。在本项研究期间，加利福尼亚 170

州正在推出一项针对中学生为期数年的新型电脑化的州级考试。我得益于这种全州范围的过渡期。在此期间，公立学校的教师们说，他们没有因为考试而受到限制课程的压力。我在公立学校访谈过的每一位教师都说，在过去的几年里，他们担心考试压力会影响教学的灵活性，但在本项研究期间，他们一点也不担心考试。最后，虽然三所学校的种族和阶层情况非常不同，这样是最理想的，但这种情况并不常见。与本研究中的学校相比，绝大多数学校的学生构成很相似。

这三所学校的教师、管理者，以及行政人员都主要是白人、中产阶级以及女性，这与全国范围内这个年级范围的教师画像大致相当。[2]然而，不同学校的学生的人口学背景是不一样的。希斯克利夫中学的学生主要是富裕的白人，以及一小部分亚裔。在这里入学的花费是每年超过两万美金，并且他们并不提供奖学金。尽管我并没有这里家长教育水平的代表性数据，但对管理者和学生们的访谈显示，这里的学生家长大都是大学毕业，且在成功的公司中担任高级职位。此外，访谈中还显示，这些家长将子女送到这所学校正是看重学校以科技为中心的教学方式。谢尔顿初中的学生主要是中产阶级亚裔美国人（主要是第一代华裔和韩裔美国人），以及一小部分拉美裔学生（主要是第一代或者 1.5 代墨西哥裔美国人）。凯撒·查韦斯中学的学生则大部分是工人阶级拉美裔（主要是第一代或者 1.5 代墨西哥裔美国人）。对学生的访谈显示，查韦斯的家长们通常没有接受过大学教育，而谢尔顿的家长大都是大学毕业。目前大部分已有研究都将焦点放在学校内部的分层模式，而本研究中的抽样方法则能够比较不同学生背景的学校教学上的差异。探究学校间的分层过程十分宝贵，因为学校经常因为社区的构成处在种族和社会经济方面的隔离环境中。[3]学校的不同情况请参见附录表 1.1，被访谈的老师与学生的情况则参见附录表 1.2 和 1.3。

附录表 1.1　学校特征（百分比处已标出） 171

	种族					家庭收入	班级大小	规训
	白人	亚裔	拉美裔	黑人	其他	免费/降价午餐（%）	学生数量	
希斯克利夫中学	74	14	3	1	8	0	20	N/A
谢尔顿初中	15	60	16	3	6	10	26	35
凯撒・查韦斯中学	5	3	80	8	4	87	27	7

来源：凯撒・查韦斯与谢尔顿的数据来源于公开的学校问责报告卡（School Accountability Report Cards）。希斯克利夫的数据直接来源于学校管理部门。

附录表 1.2　访谈教师与学生样本特征（百分比处已标出） 172

	样本数量	性别	种族		
	数量（占总体百分比）	女性（%）	白人	亚裔	拉美裔
希斯克利夫中学					
教师	18（86%）	61.11	16	2	—
学生	12	41.70	10	2	—

续表

	样本数量	性别	种族		
	数量（占总体百分比）	女性（%）	白人	亚裔	拉美裔
谢尔顿初中					
教师	26（72%）	60.09	17	3	3
学生	14	50.00	—	2	12
凯撒·查韦斯中学					
教师	23（77%）	60.09	17	3	3
学生	14	50.00	—	2	12

173 **附录表 1.3　教师样本特征**

	希斯克利夫中学	谢尔顿初中	凯撒·查韦斯中学
教学年限			
均值	10.89	10.54	10.87
标准差	5.40	7.58	6.73
科技培训			
均值	0.28	0.23	0.22
标准差	0.46	0.43	0.42
研究生学历			
均值	0.22	0.35	0.31
标准差	0.43	0.49	0.47

注：教学年限是一个连续变量，科技培训及研究生学历是二分变量。老师们在访谈中回答“是”或“不是”。

我使用了公开的学校报告单来确定不同学校特征，以提供更多 174
的信息，包含：平均课堂人数和纪律管教问题的频率；学生种族、社会阶层以及英语水平；教师的研究生培训、技术培训和工作年限情况。在对教师的访谈中，我获得了他们的种族、培训、工作年限情况以及自我报告的科技使用技能。我也是在对学生的访谈中获得他们种族信息的。每所学校教师科学技术水平都处在一个相似的范围中，大多数教师表示自己精通技术，少数教师表示自己是专家。教师科技技能上相似的范围以及教师培训与教学年限等因素都在附录表 1.3 中有所展现。

数据收集

本项比较研究包含对学校内部的观察以及对教师、管理者、工作人员和学生的深度访谈。研究伦理审查委员会允许我参与观察中学的日常生活，包括课堂观察以及在其他学校民族志研究中研究过的情境，比如走廊、教师休息间以及午饭和休息区域。在学年伊始，我在每所学校尽可能多地访谈了教师、管理者以及工作人员。这些访谈都是在他们的办公室进行的。研究中的所有被访问者在访谈前都收到了一张信息清单，并且被告知这项研究的内容是理解数字科技的使用以及学校数字科技使用中的挑战和机遇。每个访谈大约持续 45 分钟到一小时。本研究没有给参与者提供礼物或者金钱报酬。

我对所有参与访谈的老师的课堂进行了观察，并持续到学年末尾。我一般会在学校待上一整天（大致是 6 个小时），然后再到另一所学校待一整天。我每周平均做四次这样的观察。在每周的开始，我将参与教师的姓名输入电脑随机生成器，每周按生成的顺序观察他们的课堂。这个方法允许我更加有效率地观察每一所学校的
175 日常生活，因为这样我不仅花了同等的时间与教师交流，还观察了每周中的不同天数和不同班级的学生情况。在数据收集工作结束时，我积累了六百多个小时的田野考察时间，并且是平均分配给各个学校的。

许多学校民族志学者融入学校环境的方式便是通过与青少年建立友好关系。我融入学校则是通过与老师之间建立的关系。在我工作期间，我了解到每所学校的老师都十分习惯于被他人观察，包括其他老师和研究者们。这帮助我融入环境中。我同样也了解到，尽管我无法验证下面这个假设，但我作为白人、生理性别为男性的技术发烧友，这种特征也帮助了我融入每所学校的环境中。从别的学术作品中，我们知道，女性主导的空间中，男性通常会获得社交礼仪失误上的“通行证”，并在其工作环境中享有其他一些特权。[4]老师们知道我是研究技术的之后，往往会对我很热情。在他们看来，我既可以倾听他们的抱怨，也可以在他们使用数字工具时充当临时助手。当我让老师们描述他们的学生时，白人教师非常愿意与我分享许多有关他们学生种族化、阶层化以及性别化观点的细节。我也注意到，当有少数族裔学生进入房间时，他们就不太分享这些信息，因此我十分注意在尽可能私密的环境中对老师进行访谈。

随着时间推移，学生们会注意到我是他们教室里的常客，难免会上前询问我是谁，在那里做什么。我会利用这些早期的机会去了解学生们，并且与他们建立起联系。老师与学生们会叫我“先生”，但我在与学生打交道时会直接用名字称呼自己。我也会尽量避免口头上对学生的行为做出价值判断。在这一年里，我很幸运地没有看到学生之间发生任何可能需要介入的肢体冲突。

以下都是我的田野工作：我不仅观察课堂，也会出席教师会议与工作坊、家长一教师会议和课后的活动，以及观察教师休息室和学生午餐区域发生的事情。我会使用民族志的速记法将我观察到的互动以及学生和老师之间的非正式谈话记录下来。每次观察后，我 176
会将这些速记扩充变成详细的田野笔记。我没有收集通过与学生直接在线互动（即发短信）获得的数据。虽然有些学生确实想通过各种数字平台与我交流，但考虑到一所参与学校的学生因与同学在线交流而受到一些处罚，我觉得这样做风险太大。不过，我还是通过对各学校网站的在线观察收集了一些数据，包括教师或管理人员与我分享的教师网站和内部交流工具。[5]

在研究的最后几个月，我在每一所学校选择了一个“理想型”的八年级班级，它们呈现出来的模式在其学校是最明显的，然后我通过随机的方式选择了一半的学生来访谈。尽管我无法像访谈老师那样尽可能多地访谈大部分学生，但这种抽样方法使我能够与符合学校层面研究发现的学生进行交谈。伦理审查委员会允许我通过与学校订立的协议来对学生进行访谈。这基本意味着我会与学生在教室的一个安静角落，或者教室外面的午餐桌进行交谈。有两所学校决定邮件通知学生的家长有关这项研究进行的事情。所有学生都同意参加访谈。

许多学校民族志研究的重点放在一个学校或者仅仅几个班级上，观察数年，而我的选择是在一个学年的时间内对几所学校进行对比。尽管我无法继续在这几所学校进行我的研究，但我发现我收集的数据呈现出了不同学校的特点。

数据分析

所有的访谈都被录音并且转录成了文字。所有的老师都被要求形容他们学校的典型学生、家长以及教师，以反思他们在数字科技情况下的教学实践，并且评论他们学生的数字化竞争力。我也让每
177 所学校的学生们描述典型的老师和学生，对其有关数字科技的经历进行评论，向我讲述他们在中学作为学生的经历。然后，我对这些开放式回答进行了编码，并利用它们来比较不同学校的受访者对学生的态度和学习态度。我呈现了其中的一些对比，来突出在更大规模的民族志调查中记录下的发现。

我持续进行数据分析、定期回顾田野笔记和访谈实录以及撰写分析备忘录。[6]我用这些备忘录来识别数据中浮现的主题，分析与已有研究的联系以及提出额外的问题。从这些备忘录的主题中创建出一个早期的编码系统后，我使用了 Dedoose，一个混合方法编码应用，来对田野笔记、访谈实录以及其他文件进行编码。虽然在编

码时我看不到，但每份文档都与一个有关样本特点的量化数据点相关联（如学校名称、班级大小、教学年限、学生种族背景）。这种方法使我可以自由地根据主题编码，并在这之后根据这些特点对节选的内容进行整理，这样便能够厘清比较结果以及找出其中不确定的证据。

注 释

导言

179 ［1］ Carlo Rotella, “No Child Left Untableted,” *New York Times*, 12 September 2013. Retrieved 7 May 2015.

［2］ 有关教育和家庭中的数字鸿沟情况，请见 the National Telecommunications and Information Administration (NTIA) at the US Department of Commerce 的一系列报告：*Falling through the Net : A Survey of “Have Nots” in Rural and Urban Americans* (Washington, DC, 1995); *Falling through the Net II : New Data on the Digital Divide* (Washington, DC, 1998); *Falling through the Net III : Defining the Digital Divide* (Washington, DC, 1999); and *Falling through the Net : Toward Digital Inclusion* (Washington, DC, 2000).

［3］ “不平等的童年 ”是教育社会学的一个著名术语，最初由 Annette Lareau 在 *Unequal Childhoods: Class, Race, and Family Life* (Berkeley: University of California Press, 2011) 一书中提出。这一论点的核心是，家庭在孩子身上培养了不同的习惯和技能，导致一些孩子学业有成，而另一些孩子则

被落在了后面。由于中产阶级和更高层家长与学校的中产阶级教师基本属于同一社会阶层，他们能够通过提供有价值的文化资源，让自己的孩子比工人阶级的孩子更有优势。因此，从入学伊始，孩子们不平等的家庭背景就使他们处于一个不公平的竞争环境中。

［4］NTIA，*Falling through the Net*：*Toward Digital Inclusion*；Amanda Lenhart，Rich Ling，Scott Campbell，and Kristen Purcell，"Teens and Mobile Phones"（Washington，DC：Pew Research Center，2010）；Lee Rainie，"Asian-Americans and Technology"（Washington，DC：Pew Research Center，2011）；Amanda Lenhart，"A Majority of American Teens Report Access to a Computer，Game Console，Smartphone and a Tablet"（Washington，DC：Pew Research Center，2015）；Amanda Lenhart，"Teens，Social Media and Technology Overview，2013"（Washington，DC：Pew Research Center，2015）. 值得注意的是，
数字技术在年轻人中如此深入人心的部分原因是，它似乎已经融入了他们的 180
青年文化。关于数字技术在年轻人中的使用率的上升和饱和度，请参见：Mizuko Ito，Sonja Baumer，Matteo Bittanti，danah boyd，Rachel Cody，B. Herr，Heather A. Horst，et al.，*Hanging Out*，*Messing Around*，*Geeking Out*：*Living and Learning with New Media*（Cambridge：MIT Press，2009）. 数字技术被广泛采用的原因之一可能是，数字技术已成为孩子们进入社交世界的通行证；如果孩子们无法接触和熟悉数字技术，他们可能会感到自己与他人不同，并被同龄人疏远。更多相关信息请见：Allison J. Pugh，*Longing and Belonging*：*Parents，Children，and Consumer Culture*（Berkeley：University of California Press，2009）.

［5］社会科学教育研究有一个悠久的研究传统，它认为青少年在入学时因社会阶层和种族的不同而拥有不平等的资源。本书的一个核心主题就是对这一研究提出质疑，并在此基础上加以改进。本书中还提到了一些具体的著

作。不过，安妮特·拉鲁的作品是这方面最著名的作品，包括：*Home Advantage：Social Class and Parental Intervention in Elementary Education*（Lanham，MD：Rowman and Littlefield，2000）and *Unequal Childhoods*.

［6］综述文章请参见：Mizuko Ito，Kris Gutiérrez，Sonia Livingstone，Bill Penuel，Jean Rhodes，Katie Salen，Juliet Schor，Julian Sefton-Green，and S. Craig Watkins，*Connected Learning：An Agenda for Research and Design*，（Irvine，CA：Digital Media and Learning Research Hub，2013）；Colin Lankshear and Michele Knobel，*Digital Literacies*（New York：Peter Lang，2008）；and Cassidy Cody Puckett，"Technological Change，Digital Adaptability，and Social Inequality，" PhD diss. Northwestern University，2013.

［7］Alex Dobuzinskis，"Los Angeles School Board Looks at Laptops after Troubled iPad Rollout，" *Reuters*，13 November 2013.

［8］"Lack of Diversity Could Undercut Silicon Valley，" *USA Today*，26 June 2014.

［9］Jessica Guynn，"Changing the World One Hackathon at a Time，" *USA Today*，26 February 2015.

［10］我特意使用了"数字青年 "一词，而不是"数字原住民"，除非受访者在访谈中特别使用了这个词。"数字原住民"的使用掩盖了数字鸿沟对贫困青少年的影响。而且，将儿童定位为原住民他者，并将成年重新定义为一个正常的类别，这也陷入了有争议的人类学家思路。

［11］Plato，*The Republic：Book IV*（Internet Classics Archive，http：//classics. mit. edu/Plato/republic. 5. iv. html）.

［12］Johan Huizinga，*Homo Ludens：A Study of the Play-Element in Cul- ture*（Boston：Beacon，1955）.

［13］Michael Schrage，*Serious Play：How the World's Best Companies*

Sim-ulate to Innovate (Boston: Harvard Business School Press, 2000).

[14] 14. Ito et al. , *Hanging Out*. 181

[15] Mizuko Ito, *Engineering Play : A Cultural History of Children's Software* (Cambridge: MIT Press, 2009).

[16] 关于马克思与游戏理论之间关系的讨论，参见：Thomas S. Henricks, *Play Reconsidered : Sociological Perspectives on Human Expression* (Urbana: University of Illinois Press, 2006).

[17] Pierre Bourdieu, *Distinction : A Social Critique of the Judgment of Taste* (Cambridge: Harvard University Press, 1984); Bourdieu, *The Field of Cultural Production : Essays on Art and Literature* (New York: Columbia University Press, 1993); Bourdieu and Jean-Claude Passeron, *Reproduction in Education, Society and Culture* (London: Sage, 1977). 关于惯习和社会场域的清晰定义，请见：Loic J. D. Wacquant, "Towards a Reflexive Sociology: A Workshop with Pierre Bourdieu," *Sociological Theory* 7, no. 1 (1989): 26 - 63.

[18] 有关学生由于阶层养育差异在学校获得不同回报的经验研究，见：Jessica Calarco, " 'I Need Help!': Social Class and Children's Help-Seeking in Elementary School," *American Sociological Review* 76, no. 6 (2011): 862 - 82; Lareau, *Home Advantage*; Lareau, *Unequal Childhoods*; Annette Lareau and Elliot B. Weininger, "Cultural Capital in Educational Research: A Critical Assessment," *Theory and Society* 23, nos. 5/6 (2003): 567 - 606; and Shirley B. Heath, *Ways with Words: Language, Life, and Work in Communities and Classrooms* (Cambridge: Cambridge University Press, 1983).

[19] 关于文化流动性理论，参见：Paul DiMaggio, "Cultural Capital and School Success: The Impact of Status Culture Participation on the Grades of U. S. High School Students," *American Sociological Review* 47, no. 2 (1982):

189 - 201.

［20］ Kathryn Zickhur，“Generations 2010”（Washington，DC：Pew Research Center，2010）.

［21］ Samuel Bowles and Herbert Gintis，*Schooling in Capitalist America：Educational Reform and the Contradictions of Economic Life*（Basic Books：1976）. 关于学校社会化的跨学科文献可以在学校“隐性课程”专题中找到。参见：Henry Giroux and David Purpel，*The Hidden Curriculum and Moral Education*（Berkeley：McCutchan，1983）.

［22］ 有关学校在塑造种族含义及再生产种族不平等中的结构性角色，参见：Amanda E. Lewis，*Race in the Schoolyard：Negotiating the Color Line in Classrooms and Communities*（Newark：Rutgers University Press，2003），and Amanda E. Lewis and John B. Diamond，*Despite the Best Intentions：How Racial Inequality Thrives in Good Schools*（Oxford：Oxford University Press，2015）.

［23］ Patricia M. McDonough，*Choosing Colleges：How Social Class and Schools Structure Opportunity*（Albany：State University of New York Press，
182 1997）. On similar class-stratified dynamics for college admissions processes，see Mitchell L. Stevens，*Creating a Class：College Admissions and the Education of Elites*（Cambridge：Harvard University Press，2007）；and Mariam Ashtiani and Cynthia Feliciano，“Low-Income Young Adults Continue to Face Barriers to College Entry and Degree Completion，” *Pathways to Postsecondary Success：Maximizing Opportunities for Youth in Poverty 1*（2012）：1 - 7. 此外，教育机构所做的不仅仅是提供有关精英高校的信息，它们也会培养学生基于阶级的世界观。参见：Shamus Rahman Khan，*Privilege：The Making of an Adolescent Elite at St. Paul's School*（Princeton：Princeton University Press，2010）.

［24］ Angela Valenzuela，*Subtractive Schooling*：*U. S. Mexican Youth and the Politics of Caring*（Albany：State University of New York Press，1999）.

［25］ 有关色盲种族主义，参见：Eduardo Bonilla-Silva，*Racism without Racists*：*Color-Blind Racism and the Persistence of Racial Inequality in America*（Lanham，MD：Rowman & Littlefield，2017）.

［26］ 有关学校组织文化与教师教学实践，参见：Sharon D. Kruse and Karen Seashore Louis，*Building Strong School Cultures*：*A Guide to Leading Change*（Thousand Oaks，CA：Corwin Press，2009）；Stephanie Moller，Rosalyn Arlin Mickelson，Elizabeth Stearns，Neena Banerjee，and Martha Cecilia Bottia，"Collective Pedagogical Teacher Culture and Mathematics Achievement：Differences by Race，Ethnicity，and Socioeconomic Status，" *Sociology of Education* 86，no. 2（2013）：174－94；and Edgar H. Schein，*Organizational Culture and Leadership*（San Francisco：Jossey-Bass，2010）.

［27］ 有关学校组织文化，参见：Kruse and Louis，*Building Strong School Cultures*；Moller et al.，"Collective Pedagogical Teacher Culture"；Schein，*Organizational Culture and Leadership*. 关于组织思维影响学生构建学校教育现实及其幸福感，请参见：Lisa M. Nunn，*Defining Student Success*：*The Role of School and Culture*（Newark：Rutgers University Press，2014）；Kate L. Phillippo and Briellen Griffin，"'If You Don't Score High Enough，Then That's Your Fault'：Student Civic Dispositions in the Context of Competitive School Choice Policy，" *Journal for Critical Education Policy Studies* 14，no. 2（2016）；and Elizabeth A. Armstrong and Laura T. Hamilton，*Paying for the Party*：*How College Maintains Inequality*（Cambridge：Harvard University Press，2015）.

［28］ Victor Erik Ray，"A Theory of Racialized Organizations，" *American* 183

Sociological Review 84, no. 1 (2019): 26 - 53.

[29] David Kinney, "From Nerds to Normals: The Recovery of Identity among Adolescents from Middle School to High School," *Sociology of Education* 66, no. 1 (1993): 21 - 40.

[30] Adam Gamoran and Richard D. Mare, "Secondary School Tracking and Educational Inequality: Compensation, Reinforcement, or Neutrality?" *American Journal of Sociology* 94, no. 5 (1989): 1146 - 1183.

[31] International Society for Technology in Education (ITSE), "ITSE Standards: Students" (Arlington, VA, 2007).

第一章

[1] 对技术决定论的批判已经存在了一段时间，但自从互联网出现以来，我们目睹了这一思路的复苏，这是意料之中的事。关于从前的技术决定论，见：Merritt Roe Smith and Leo Marx, *Does Technology Drive History? The Dilemma of Technological Determinism* (Cambridge: MIT Press, 1998)；数字时代对这一观点的当代阐述，见：Paul Dourish and Genevieve Bell, "The Infrastructure of Experience and the Experience of Infrastructure: Meaning and Structure in Everyday Encounters with Space," *Environment and Planning B: Planning and Design* 34, no. 3 (2007): 414 - 430.

[2] 关于早期学校推广电视和电脑的情况，请参见：Larry Cuban, *Teachers and Machines: The Classroom Use of Technology since 1920* (New York: Teachers College Press, 1986); and Cuban, *Oversold and Underused: Computers in the Classroom* (Cambridge: Harvard University Press, 2009). 关于数字化干预如何回归传统学校教育的当代研究，可参见：Christo Sims, *Disruptive Fixation: School Reform and the Pitfalls of Techno-idealism* (Princeton: Princeton University Press, 2017).

［3］一个有关制度如何塑造社会现实的经典例子，请见 Diane Vaughn 的研究：*The Challenger Launch Decision*：*Risky Technology*，*Culture*，*and Deviance at NASA*（Chicago：University of Chicago Press，1996）．Vaughn 展示了对风险的“常识性”理解实际上是如何被社会建构的，以至于 NASA 外部的任何人都能看到风险，而组织内部的参与者却看不到。

［4］有关教育中的社会再生产理论请见：Bowles and Gintis，*Schooling in Capitalist America*．有关学校社会化的跨学科文献可以在“隐性课程”专题中找到，参见：Giroux and Purpel，*Hidden Curriculum and Moral Education*．

［5］Valenzuela，*Subtractive Schooling*． 184

［6］Prudence L. Carter，*Keepin' It Real*：*School Success beyond Black and White*（Oxford：Oxford University Press，2005）．

［7］Patricia M. McDonough，*Choosing Colleges*：*How Social Class and Schools Structure Opportunity*（Albany：SUNY Press，1997）．

第二章

［1］Andrew Perrin，“5 Facts about Americans and Video Games”（Washington，DC：Pew Research Center，2018）．

［2］“Internet/Broadband Fact Sheet”（Washington，DC：Pew Research Center，2018）．其他研究也展现了类似的在硬件获取上种族、阶层以及性别的较低差距。参见：Paula Fomby，Joshua A. Goode，Kim-Phuong Truong-Vu，and Stefanie Mollborn，“Adolescent Technology，Sleep，and Physical Activity Time in Two U. S. Cohorts，” *Youth & Society*（2019）：1－25．

［3］Ito et al.，*Hanging Out*．

［4］有关数字素养及其在学术研究中的使用，请参见：Manuel Castells，*The Information Age*：*Economy*，*Society*，*and Culture*，vol. 3（Oxford：

Blackwell, 1998), and Mark Warschauer, *Learning in the Cloud* (New York: Teachers College Press, 2011). 虽然社会学家们通常不会将数字科技作为他们工作的核心，但数字科技当然“出现”在了有关青少年、青年人以及教育环境的扩展分析中。请参见：Pugh, *Longing and Belonging*; Janice M. McCabe, *Connecting in College: How Friendship Networks Matter for Academic and Social Success* (Chicago: University of Chicago Press, 2016).

［5］尽管学者们将一些其他技能识别为数字素养，但线上沟通与数字化创作都被认为是关键的技能，也都能通过与同伴的娱乐发展培养。这让这些能力成为理想的研究对象，因为儿童很可能会展现它们，而教育机构们则会将它们视为越来越重要。

［6］有关电脑编程与设计的技能，请参见：Ito et al., *Connected Learning*, and Kylie A. Peppler and Yasmin B. Kafai, “From SuperGoo to Scratch: Exploring Creative Digital Media Production in Informal Learning,” *Learning, Media and Technology* 32, no. 2 (2007): 149 - 166. 有关媒体剪辑与制作的内容，如音频、图片和视频，请参见：Rebecca W. Black, “English-Language Learners, Fan Communities, and 21st Century Skills,” *Journal of Adolescent and Adult Literacy* 52, no. 8 (2009): 688 - 697; Barbara Guzzetti and Margaret Gamboa,
185 “Online Journaling: The Informal Writings of Two Adolescent Girls,” *Research in the Teaching of English* 40, no. 2 (2005): 168 - 206; and Glynda A. Hull and Mark Evan Nelson, “Locating the Semiotic Power of Multimodality,” *Written Communication* 22, no. 2 (2005): 224 - 261.

［7］值得注意的是，在获取数字技术方面的不平等仍然非常重要。特别是，一些研究发现，即使学生越来越容易接触到技术，但技术维护方面的问题也会影响他们日后的学业成绩。参见：Amy L. Gonzales, Jessica McCrory Calarco, and Teresa K. Lynch, “Technology Problems and Student Achievement

Gaps：A Validation and Extension of the Technology Maintenance Construct，" *Communication Research* (2018). 本项研究并没有忽略这些持续存在的不平等，而是特别关注学生从线上游戏中以模式化的方式学到的技能。

[8] 有关学生由于阶层养育差异在学校获得不同回报的经验研究，请参见：Calarco，" 'I Need Help!' "；Lareau，*Home Advantage*；Lareau，*Unequal Childhoods*；and Lareau and Weininger，"Cultural Capital in Educational Research."

[9] Bourdieu，*Distinction*；Bourdieu，*Field of Cultural Production*；Bourdieu and Passeron，*Reproduction in Education*，*Society and Culture*. 有关惯习和场域最清晰的定义，参见：Wacquant，"Towards a Reflexive Sociology."

[10] 一些学者建议数字时代我们需要一个新的术语来形容文化资本。例如：Ariane Ollier-Malaterre，Jerry A. Jacobs，and Nancy P. Rothbard，in "Technology，Work，and Family：Digital Cultural Capital and Boundary Management，" *Annual Review of Sociology* 45 (2019)：14.1 - 14.23. 我将此前的工作称为教师对儿童数字技能的激活。具体来说，他们认为这个术语是有必要的，因为被激活的资源是与数字化有关的。但在布迪厄的模型中，文化资本指的是任何文化形式被激活的状态。例如，研究工作优势的学者仍然将被激活的资源称为文化资本，而不是工作场所文化资本。这就是为什么我把孩子们的知识或实践描述为数字化的，而把教师对这些状态的激活描述为文化资本：可以激活的文化形式既可以与数字化无关，也可以与之有关。

[11] DiMaggio，"Cultural Capital and School Success."

[12] Sonia Livingstone 很早就预言，在数字素养领域可能会有操作上的挑战，因为各机构可能必须将数字素养作为其教育理念的一部分。参见：Livingstone，"Media Literacy and the Challenge of New Information and Communi- *186*

cation Technologies," *Communication Review* 7, no. 1 (2004): 3 - 14.

[13] Michel Foucault, *Discipline and Punish : The Birth of the Prison* (New York: Vintage, 1975); and Paolo Freire, *Pedagogy of the Oppressed* (New York: Penguin, 1996).

[14] Bowles and Gintis, *Schooling in Capitalist America*.

[15] 有关文化社会学未能像对待阶层那样认真对待种族的问题，见：John D. Skrentny, "Culture and Race/Ethnicity: Bolder, Deeper, and Broader," *Annals of the American Academy of Political and Social Science* 619, no. 1 (2008): 59 - 77. 另见 Prudence Carter 关于非主流文化资本与主流文化资本的研究，该研究说明了种族因素如何影响少数族裔学生在教育机构中必须完成的文化“工作”。Carter, *Keepin' It Real*.

[16] Carter, *Keepin' It Real*.

[17] Valenzuela, *Subtractive Schooling*.

[18] 有关中产和上中产阶级家庭与儿童隐私的关系（尤其是年轻女孩的隐私），参见：Mary Madden, Amanda Lenhart, Sandra Cortesi, Urs Gasser, Maeve Duggan, Aaron Smith, and Meredith Beaton, "Teens, Social Media, and Privacy" (Washington, DC: Pew Research Center's Internet & American Life Project, 2013).

[19] 在这项研究期间（大部分数字化技术与应用在它们出现在学术刊物上时会有更新），Kik 是学生们在手机上使用的用来发送短信的应用。Kik 不仅允许使用手机流量包发送短信，还允许在无线互联网接入时发送短信。

[20] Instagram 是学生在手机上使用的查看他们关注的朋友分享的照片的应用。

[21] Snapchat 是用来向社交网络范围内的同伴发送暂时可见的图片、视频以及文字的应用。

[22] William E. Loges and Joo-Young Jung, "Exploring the Digital Divide: Internet Connectedness and Age," *Communication Research* 28, no. 4 (2001): 536 - 562.

[23] Google Drive 是一个应用，允许用户将他们的文件，例如文档、图片、视频以及演示文件，存储到一个线上存储库中。谷歌在这个应用程序中提供了一整套工具，包括谷歌文档，用于创建合作撰写的文字文档（如这位学生的创意写作项目），并将其保存到线上存储库中。

[24] 越狱（Jailbreaking）指的是一种规避苹果操作系统施加的软件限制的操作。

[25] APK（Android Application Package），是安卓操作系统（例如安卓手机）使用的创建或者编辑手机内容的软件应用程序包。

[26] Vine 是一款手机应用软件，允许用户创建简短的视频片段并与其线上粉丝分享。

[27] iMovie 是一款视频剪辑软件。

[28] Bowles and Gintis, *Schooling in Capitalist America*, 132.

[29] Lawrence Bobo, "Racial Attitudes at the Close of the Twentieth Century," in *Power and Ideology in Education*, ed. Jerome Karabel and H. Halsey (New York: Oxford University Press, 2001).

[30] 尽管对性别问题的深入分析超出了本书的范围，但我注意到，查韦 187
斯的教师的一些言论表明，这所学校对电子游戏的看法尤其带有性别色彩。电子游戏，如《我的世界》，被描述为主要是“男孩的事情”（尽管我采访的许多年轻女性也有同样的兴趣）；与其他数字化活动相比，教师们似乎认为这种活动无关紧要。所有形式的数字化娱乐都被视为与学校功课无关，但教师似乎认为女生的数字化活动（不是电子游戏，而是 Instagram、Twitter 等）比男生的在线实践（电子游戏）更有创造力。这可能会对如何规训与跟追踪孩子

们的数字化娱乐产生性别影响，就像“粉领”和“蓝领”的区别一样。有关这个话题，参见：Nancy Lopez，*Hopeful Girls*，*Troubled Boys*：*Race and Gender Disparity in Urban Education*（New York：Routledge，2003）；and Julie Bettie，*Women without Class*：*Girls*，*Race*，*and Identity*（Berkeley：University of California Press，2014）.

第三章

［1］有关教师对学生学业成就的看法如何影响他们未来的生活境遇，请参见：Bowles and Gintis，*Schooling in Capitalist America*.

［2］在每一次教师访谈中，我都让他们描述其所在学校的学生群体，然后与他们工作过的其他学校学生群体进行比较。在最初的提问中，我并没有点出学生群体的任何具体特征（例如，“描述一下这所学校的［插入种族群体］的学生群体”），当所有参与本研究的教师都表达了学生身份（如种族和阶层）相关的含义时，我便进行更深入的探究。

［3］有关拉美裔学生不同建构，请见：Valenzuela，*Subtractive Schooling*；Carter，*Keepin' It Real*；Lewis，*Race in the School yard*；Edward W. Morris，“‘Tuck in That Shirt!’：Race，Class，Gender，and Discipline in an Urban School，” *Sociological Perspectives* 48，no. 1（2005）：25 - 48；Daniel G. Solorzano，“Images and Words That Wound：Critical Race Theory，Racial Stereotyping，and Teach-
188 er Education，” *Teacher Education Quarterly* 24，no. 3（1997）：5 - 19；and Jessica S. Cobb，“Inequality Frames：How Teachers Inhabit Color-blind Ideology，” *Sociology of Education* 90，no. 4（2017）：315 - 332. 有关亚裔学生的不同建构，请见：Troy Duster，David Minkus，and Colin Samson，*Bar Association of San Francisco Minority Employment Survey*：*Final Report*（Berkeley：University of California，1998）；Grace Kao，“Asian Americans as Model Minorities? A Look at Their Academic Performance，” *American Journal of Education*

103, no. 2 (1995): 121 - 159; Gamoran and Mare, "Secondary School Tracking and Educational Inequality"; Deborah Woo, *The Glass Ceiling and Asian Americans* (Washington, DC: Glass Ceiling Commission, US Department of Labor, 1994); and Amy Chua, *Battle Hymn of the Tiger Mother* (New York: Penguin, 2011).

[4] 有关色盲种族主义，请见：Bonilla-Silva, *Racism without Racists*. 有关色盲种族主义在学校环境的表现，请见：Lewis, *Race in the Schoolyard*.

[5] Eduardo Bonilla-Silva 认为，文化种族主义是色盲种族主义的一种表现，助长了这种意识形态的再生产。文化种族主义包括在没有证据的情况下用来解释整个种族群体行为的种族刻板印象。请参见：*Racism without Racists*, 56 - 57.

[6] 有关亚裔学生模范少数族裔刻板印象的负面影响，请见：Jennifer Lee and Min Zhou, *The Asian American Achievement Paradox* (New York: Russell Sage Foundation, 2015).

[7] 这里我想强调，我的关注点是文献中一个有关微观和中观层面互动方面的空白，即表现出两套种族刻板印象的白人教师在教学过程中如何"选择"哪一套。已有文献在有关不同种族群体各种各样互相矛盾的观念上已经做了大量工作，从美国宏观层面的历史和政治变迁中找出了多组可用意象的来源。例如，Stacy J. Lee, Nga-Wing Anjela Wong, and Alvin N. Alvarez 将亚裔"模范少数族裔"刻板印象的根源追溯到 1960 年代，一位社会学家使用这个词来形容日本裔与中国裔广义上的文化，使得他们能够克服种族障碍，实现教育上的成功。然而，作者还指出，将亚裔美国人视为"永远的外国人"的刻板印象依然存在，其中的例子包括，第二次世界大战中，有关国家风险的刻板印象导致日裔美国人被拘留。有关亚裔美国人这种刻板印象的来源与流行，请见：Lee, Wong, and Alvarez, "The Model Minority and the Perpetual Foreigner: Stereotypes of Asian-Americans," in *Asian American Psychology*:

189 *Current Perspectives*, ed. Nita Tewari and Alvin N. Alvarez (New York: Routledge/Taylor & Francis Group, 2009), 69 - 84; Bic Ngo and Stacey J. Lee, "Complicating the Image of Model Minority Success: A Review of Southeast Asian American Education," *Review of Educational Research* 77, no. 4 (2007): 415 - 453; Stacey J. Lee, *Unraveling the "Model Minority" Stereotype: Listening to Asian American Youth* (New York: Teachers College Press, 2015); and Claire Jean Kim, "The Racial Triangulation of Asian Americans," Politics & Society 27, no. 1 (1999): 105 - 138.

[8] 关于学校环境中的组织文化，请参见：Kruse and Louis, *Building Strong School Cultures*; Moller et al., "Collective Pedagogical Teacher Culture"; Schein, *Organizational Culture and Leadership*; Armstrong and Hamilton, *Paying for the Party*; Dorothy C. Holland and Margaret A. Eisenhart, *Educated in Romance: Women, Achievement and College Culture* (Chicago: University of Chicago Press, 1990); and John B. Diamond and Amanda E. Lewis, "Race and Discipline at a Racially Mixed High School: Status, Capital, and the Practice of Organizational Routines," *Urban Education* (2016). 另一种思考学校组织文化的方式是，它们如何与制度化的图式或教育机构所展示的常规和世界观相关联。从某种程度上说，我在本章中记录的组织文化既是由制度化图式形成的，也很可能有助于制度化图式，这些制度化图式将学习数字技术作为优先事项（尽管在采用方式上存在差异）。更多有关制度化图式的内容，请见：Francesca Polletta, "Culture and Movements," *Annals of the American Academy of Political and Social Science* 619 (2008): 78 - 96.

[9] Anthony Bryk and Barbara Schneider, *Trust in Schools: A Core Resource for Improvement* (New York: Russell Sage Foundation, 2002). 其他研究教师工作环境氛围的研究将其称为"教师集体效能感"。Roger D. Goddard,

Wayne K. Hoy, and Anita Wollfolk Hoy, "Collective Teacher Efficacy: Its Meaning, Measure, and Impact on Student Achievement," *American Education Research Journal* 37, no. 2 (2000): 479 - 507; and Roger D. Goddard, Wayne K. Hoy, and Anita Wollfolk Hoy, "Collective Efficacy Beliefs: Theoretical Developments, Empirical Evidence, and Future Directions," *Educational Researcher* 33, no. 3 (2004): 3 - 13; Moller et al., "Collective Pedagogical Teacher Culture."

[10] 有关学生种族构成与关系化信任的讨论，请见：Bryk and Schneider, *Trust in Schools*, 97 - 99.

[11] 有关白人性的隐形性与其影响，请见：Peggy McIntosh, "White Privilege: Unpacking the Invisible Knapsack," *Peace and Freedom* (1989): 10 - 12; Douglas Hartmann, Joseph Gerteis, and Paul R. Cross, "An Empirical Assessment of Whiteness Theory: Hidden from How Many?" *Social Problems* 56 190
(2009): 403 - 24; George Lipsitz, "The Possessive Investment in Whiteness: Racialized Social Democracy and the 'White' Problem in American Studies," *American Quarterly* 47 (1995): 369 - 87; and Jennifer L. Pierce, " 'Racing for Innocence': Whiteness, Corporate Culture, and the Backlash against Affirmative Action," *Qualitative Sociology* 26 (2003): 53 - 70.

[12] 有关少数族裔教师在日常工作中为应对种族主义、种族化结构的规范性影响时所面临的压力，请见：Glenda Marisol Flores, *Latina Teachers: Creating Careers and Guarding Culture* (New York: NYU Press, 2017); and Flores, "Racialized Tokens: Latina Teachers Negotiating, Surviving and Thriving in a White Woman's Profession," *Qualitative Sociology* 34, no. 2 (2011): 313 - 335.

[13] 所有人口和家庭收入数据均来自美国人口普查局的公开数据。比较

数据来自 2000 年和 2010 年收集的数据。

［14］我想在此指出，教师的流言蜚语并非都是为了公开羞辱其他教师。我观察到和听到的一些流言蜚语，其实产生于教师们试图收集信息，以帮助自己在艰难的工作环境中渡过难关的过程。有关教师流言、动机及影响，请见：Tim Hallett，Brent Harger，and Donner Eder，“Gossip at Work：Unsanctioned Evaluative Talk in Formal School Meetings，” *Journal of Contemporary Ethnography* 38，no. 5（2009）：584－618.

［15］Amanda Lewis and John Diamond 在他们的研究中同样也发现，在同一所学校，黑人学生比白人学生更经常因违反纪律而被抓，并指出教师的种族刻板印象是造成不同规训方法的原因之一。请见：Lewis and Diamond，*Despite the Best Intentions*.

［16］有关老师—学生种族上不匹配及其与教师满意度下降之间的关系，请见：Linda A. Renzulli，Heather MacPherson Parrott，and Irenee R. Beattie，“Racial Mismatch and School Type：Teacher Satisfaction and Retention in Charter and Traditional Public Schools，” *Sociology of Education* 84，no. 1（2011）：23－48.

［17］我发现 Seth Abrutyn 和 Anna Mueller 的研究与此有着有趣的相似之处。他们重点研究了社会网络的特定建构如何形成导致自杀的社会心理过程。在高风险的互动环境中，敞开心扉需要付出社会代价，会有更高的自杀风险。虽然这一特定的心理健康结果在谢尔顿没有出现，但谢尔顿的组织氛围与此类似。如果要追求如查韦斯一样的协作和支持性环境，在这里就会付出一些代价。Anna S. Mueller and Seth Abrutyn，“Adolescents under Pressure：A New
191 Durkheimian Framework for Understanding Adolescent Suicide in a Cohesive Community，” *American Sociological Review* 81，no. 5（2016）：877－899.

［18］虽然学生会以自己的方式解读家长的信息，但白人家长肯定会为他们的孩子创造一种环境，让他们接受色盲种族主义的意识形态。Margaret Ann

Hagerman, "White Families and Race: Colour-blind and Colour-Consciousness," *Ethnic and Racial Studies* 37, no. 14 (2014): 2598 - 2614, and Margaret Ann Hagerman, *White Kids : Growing Up with Privilege in a Racially Divided America* (New York: NYU Press, 2018).

第四章

[1] 有关基于阶层的文化参与及其对教育分层的影响，请见：Bourdieu and Passeron, *Reproduction in Education*; Lareau, *Unequal Childhoods*; and Jessica McRory Calarco, *Negotiating Opportunities : How the Middle Class Secures Advantages in School* (Oxford: Oxford University Press, 2018).

[2] 有关参与中上层阶级活动和/或环境如何与学业、事业成就相关联的例子，请参见：DiMaggio, "Cultural Capital and School Success," and Lauren A. Rivera, "Hiring as Cultural Matching: The Case of Elite Professional Service Firms," *American Sociological Review* 77, no. 6 (2012): 999 - 1022.

[3] 关于现有机构重视的活动的各种数字化"版本"，请见：Eszter Hargittai, "Digital Na (t) ives? Variation in Internet Skills and Uses among Members of the 'Net Generation,'" *Sociological Inquiry* 80, no. 1 (2010): 2 - 113.

[4] 有关学生数字技能不仅来源于家长，也来自其同伴，请见：Matthew H. Rafalow, "Disciplining Play: Digital Youth Culture as Capital at School," *American Journal of Sociology* 123, no. 5 (2018): 1416 - 52.

[5] 有关教师在影响儿童习惯（社会化）中的角色，请见：Bowles and Gintis, *Schooling in Capitalist America*; Giroux and Purpel, *Hidden Curriculum and Moral Education*.

[6] 有关线上资本增长潜力，请见：Nicole Zillien and Eszter Hargittai, "Digital Distinction: Status-Specific Types of Internet Usage," *Social Science*

Quarterly 90，no. 2 (2009)：274 - 91. 虽然它们并不是教育社会学家经常探讨的话题，但我依然认为，通过网络获取健康信息和通过积极行动参与公民活
192 动也是不断增长的线上活动。有关人们如何在线上参与活动时获取健康信息，请见：Sheila R. Cotton and Sipi S. Gupta，"Characteristics of Online and Offline Health Information Seekers and Factors That Discriminate between Them，" *Social Science & Medicine* 59，no. 9 (2004)：1795 - 1806. 关于在线行动主义对参与者的线上线下生活的重要性，请见：Deana A. Rohlinger and Leslie Bunnage，"Collective Identity in the Digital Age：Thin and Thick Identities in Moveon. org and the Tea Party Movement，" *Mobilization* 23，no. 2 (2018)：135 - 157；Jennifer Earl and Alan Schussman，"The New Site of Activism：On-line Organizations，Movement Entrepreneurs，and the Changing Location of Social Movement Decision-making，" in *Consensus Decision Making：Northern Ireland and Indigenous Movements*，ed. Patrick G. Coy (Bingley，UK：Emerald Group，2002)；and Jennifer Earl and Katrina Kimport，*Digitally Enabled Social Change：Activism in the Internet Age* (Cambridge：MIT Press，2011).

[7] 关于青少年以兴趣为导向的在线学习过程以及其潜在的学习成果，请见：Mizuko Ito et al.，*Affinity Online：How Connection and Shared Interest Fuel Learning* (New York：NYU Press，2018).

[8] 有关线上参与的差距，请见：Henry Jenkins et al.，*Confronting the Challenges of Participatory Culture：Media Education for the 21st Century* (Cambridge：MIT Press，2009)；and Morgan G. Ames and Jenna Burrell，"Connected Learning and the Equity Agenda：A Microsociology of *Minecraft* Play，" *Proceedings of the* 2017 *ACM Conference on Computer Supported Cooperative Work and Social Computing*.

[9] 有关资本增长活动中阶层差距的定量分析，请见：Zillien and Hargit-

tai, “Digital Distinction.”

[10] 有关线上参与中的网络化公共空间，请见：danah boyd, *It's Complicated: The Social Lives of Networked Teens* (New Haven: Yale University Press, 2015); danah boyd, “Why Youth (Heart) Social Network Sites: The Role of Networked Publics in Teenage Social Life,” *MacArthur Foundation Series on Digital Learning: Youth, Identity, and Digital Media*, vol. 119 (2007); danah boyd and Nicole B. Ellison, “Social Network Sites: Definition, History, and Scholarship,” *Journal of Computer-Mediated Communication* 13, no. 1 (2007): 210 - 230; and Sebastián Valenzuela, Namsu Park, and Kerk F. Kee, “Is There Social Capital in a Social Network Site?: Facebook Use and College Students' Life Satisfaction, Trust, and Participation,” *Journal of Computer-Mediated Communication* 14, no. 4 (2009): 875 - 901; and Jeffrey Lane, “The Digital Street: An Ethnographic Study of Networked Street Life in Harlem,” *American Behavioral Scientist* 60, no. 1 (2016): 43 - 58; Lindsey ‘Lu- 193
ka’ Carfagna, “Learning to Share: Pedagogy, Open Learning, and the Sharing Economy,” *Sociological Review* 66, no. 2 (2018): 447 - 465; Ksenia A. Korobkova and Matthew H. Rafalow, “Navigating Digital Publics for Playful Production: A Cross-Case Analysis of Two Interest-Driven Online Communities,” *Digital Culture & Education* 8, no. 2 (2016); and Matthew H. Rafalow, “n00bs, Trolls, and Idols: Boundary-Making among Digital Youth,” *Sociological Studies of Children and Youth* 19 (2015): 243 - 266.

[11] 社会学家其实发现许多媒体和传播学者对网络化公共空间的看法与社会学家皮埃尔·布迪厄和埃尔文·戈夫曼所论述的社会场域与舞台概念相当一致。网络环境只不过是另一个舞台，演员和学生一样，可以学习如何驾驭它。网络化公共空间的概念不仅使学者们能够将网络环境作为重要的经验

场所，而且还考虑到了网络环境作为相互关联的数字舞台是如何在结构上发挥作用的。这方面最详尽的社会学分析，请见：OllierMalaterre，Jacobs，and Rothbard，“Technology，Work，and Family.”

［12］在试图推翻儿童天生具有技术天赋的假设（所以教师对儿童数字技能发展上能提供的帮助有限）时，一些研究学习和新媒体的学者认为，教师在培养学生数字素养方面扮演十分重要的角色。因此，教师也可以更广泛地影响孩子们的数字参与。请参见：Thomas Philip and Antero Garcia，“The Importance of Still Teaching the iGeneration：New Technologies and the Centrality of Pedagogy，” *Harvard Educational Review* 823，no. 2 (2013)：300 - 319.

［13］在本项研究中，我发现学生们并没有报告他们的家长是其数字化知识的来源。但是家长们显然在儿童的发展上扮演着重要角色，也是儿童校内外科技使用的“营养鸡汤”的组成部分。基于已有研究中展现的家长在学生教育成果中的强大力量，我预计，随着家长与数字技术的联系越来越紧密，家长参与技术使用的程度将呈指数级增长。此外，研究人员已经证明了父母参与对儿童生活某些领域的影响。有关这个话题，请见：Sonia Livingstone，Alicia Blum-Ross，and Dongmiao Zhang，“What Do Parents Think，and Do，about Their Children's Online Privacy?”（London：LSE Department of Media and Communication，2018）；Sonia Livingstone，“Taking Risky Opportunities in Youthful Content Creation：Teenagers' Use of Social Networking Sites for Inti-
194 macy，Privacy，and Self-Expression，” *New Media & Society* 10，no. 3 (2008)：393 - 411；Alicia Blum-Ross and Sonia Livingstone，“Sharenting，Parent Blogging，and the Boundaries of the Digital Self，” *Popular Communication* 15，no. 2 (2017)：110 - 125；and Sonia Livingstone and Alicia Blum-Ross，“Imagining the Future through the Lens of the Digital：Parents' Narratives of Generational Change，” in *A Networked Self：Birth，Life and Death*，ed. Zizi Papacharissi

(New York: Routledge, 2018).

[14] Khan, Privilege.

[15] Ito et al., *Hanging Out*.

[16] 指责工人阶级学生和少数族裔学生形成了一种对教育制度的"反对文化",从而导致了糟糕的教育结果的观点由来已久、臭名昭著。这个观点最初由 John U. Ogbu 在 *Minority Status, Oppositional Culture, and Schooling* (Abingdon, UK: Routledge, 2008) 中提出,这一思路很快就被否定并被当作文化论点的"稻草人",即把制度化的过程"归咎于受害者"。James W. Ainsworth-Darnell and Douglas B. Downey, "Assessing the Oppositional Culture Explanation for Racial/Ethnic Differences in School Performance," *American Sociological Review* 63, no. 4 (1998): 536 - 553, and Lewis, *Race in the Schoolyard*. 在本研究中,我们可以看到教师(而不是学生)将学生的兴趣与学习议程拉开了距离。与希斯克利夫中学等较富裕学校的教师相比,他们认为学习与学生的身份不那么相关。查韦斯是一个有趣的例子,因为教职员工的风气是家庭式的(而非惩罚式的),所有查韦斯的学生并没有可以去"反对"的东西。学生们整体上都很热爱老师,并希望为他们做正确的事。但是,做正确的事情,就意味着要遵循家长式的师风,偏重于追求基础技能,而不是数字化策略。

[17] 最近有一些研究关注技术(和 STEM 相关的领域)兴趣中的性别维度;对技术和 STEM 的社会相关性的看法可能是学校同伴网络中对男性和女性的刻板印象转变的结果。请参见:Catherine Riegle-Crumb, Chelsea Moore, and Aida Ramos-Wada, "Who Wants to Have a Career in Science or Math? Exploring Adolescents' Future Aspirations by Gender and Race/Ethnicity," *Science Education* 95, no. 3 (2011): 458 - 476.

[18] 我希望其他学者在今后的研究工作中,对学校结构如何在性别、种族

和阶层的交叉性上对不同学生产生不同的影响，进行比我在这里提供的更深入的记录和阐述。例如，我在谢尔顿采访的年轻女性与年轻男性相比，似乎对学校关于适当网络行为的要求做出了不同的反应，她们更多的只是消费网络内容，而不是创建和分享内容，即使是在使用线上“幽灵”或隐藏身份的情况下也是
195 如此。我曾与谢尔顿的一位年轻女士进行过一次奇怪的交流，当我问她为什么只在网上消费而不创建和分享自己的内容时，她说她对任何人都没有什么有趣的事情要说。这可能是因为教师所传达的关于数字游戏价值的信息因学生性别而异，也可能是同伴之间的风气在影响着年轻女性的数字化实践。有关后面这个话题，请见：Catherine Riegle-Crumb，Chelsea Moore，and Jenny Buontempo，“Shifting STEM stereotypes? Considering the Role of Peer and Teacher Gender,” *Journal of Research on Adolescence* 27，no. 3 (2017)：492 - 505.

[19] 关于“模范少数族裔”种族刻板印象所造成的种族间紧张关系，请见：Lee，Wong，and Alvarez，“Model Minority and the Perpetual Foreigner.”

结论

[1] Ito et al.，*Hanging Out*.

[2] 关于教育中基于阶层的文化分层的经典文本，请见：Lareau，*Unequal Childhoods*.

[3] 关于文化流动性的观点，请见：DiMaggio，“Cultural Capital and School Success.”

[4] 我这里特别指出的是教育社会学方面的研究，总体而言，它缺乏对学校数字技术使用情况的研究，更不用说技术在学校环境中的文化建构过程了。一个显著的例外是 Kenneth A. Frank，Yong Zhao，William R. Penuel，Nicole Ellefson，and Susan Porter，“Focus，Fiddle，and Friends：Experiences That Transform Knowledge for the Implementation of Innovations,” *Sociology of Education* 84，no. 137 (2011)：137 - 156。

[5] 关于技术对课堂生活产生内在影响的精彩回顾，请见：Cuban, *Teachers and Machines*; and Cuban, *Oversold and Underused*.

[6] 有关技术决定论，请见：Smith and Marx, *Does Technology Drive History?*

[7] Dourish and Bell, "Infrastructure of Experience."

[8] 有关教育中的文化资本，请见：Bourdieu and Passeron, *Reproduction in Education*; Calarco, "'I Need Help!'"; Lareau, *Home Advantage*; Lareau, *Unequal Childhoods*; and Lareau and Weininger, "Cultural Capital in Educational Research."

[9] 有关数字科技获取差距缩小上取得的许多成果，请见：NTIA, "Falling through the Net: Toward Digital Inclusion"; Lenhart et al., "Teens and Mobile Phones"; Rainie, "Asian-Americans and Technology"; Lenhart, "Majority of American Teens"; Lenhart, "Teens, Social Media and Technology Overview, 2013."

[10] 这本书的目的是在很多方面批判性地评估许多学者和教育改革者所 196
倡导的缩小数字科技获取差异的"乌托邦式"的世界。但我想在这里强调，我并不是说这个问题本身不重要，不值得研究。有关这个话题，请见：Gonzales, Calarco, and Lynch, "Technology Problems and Student Achievement Gaps."

[11] 我在这里使用的是社会再生产理论家所倡导的规训的定义，其中不仅包括训斥行为，还包括制度化地传递持久规范感的过程。Herbert Bowles 和 Samuel Gintis 将此称为教师在孩子们的头脑中安装"内置监督器"的方式，这是他们每天上课的结果。例如，规训采取的可以是教师肯定特定学生行为和训斥其他学生行为的方式。正如我在这里发现的那样，学校可以根据不同的环境制定和执行截然不同的肯定和训斥标准。更多讨论请见：Bowles and Gintis, *Schooling in Capitalist America*.

[12] Foucault, *Discipline and Punish*; and Freire, *Pedagogy of the Op-*

pressed.

［13］Bowles and Gintis，*Schooling in Capitalist America*；Giroux and Purpel，*Hidden Curriculum and Moral Education*.

［14］有关拉美裔学生的不同建构，请见：Valenzuela，*Sub-tractive Schooling*；Carter，*Keepin' It Real*；Lewis，*Race in the Schoolyard*；Morris，" 'Tuck in That Shirt!' "；Solorzano，"Images and Words That Wound"；and Cobb，"Inequality Frames." 有关亚裔学生的不同建构，请见：Duster，Minkus，and Samson，*Bar Association of San Francisco Minority Employment Survey*；Kao，"Asian Americans as Model Minorities?"；Gamoran and Mare，"Secondary School Tracking and Educational Inequality"；Woo，*Glass Ceiling and Asian Americans*；*and Chua*，*Battle Hymn of the Tiger Mother*.

［15］有关色盲种族主义，请见：Bonilla-Silva，*Racism without Racists*. On manifestations of colorblind racism in schools，see Lewis，*Race in the Schoolyard*.

［16］Eduardo Bonilla-Silva 认为，文化种族主义是色盲种族主义的一种表现，助长了这种意识形态的再生产。文化种族主义包括在没有证据的情况下用来解释整个种族群体行为的种族刻板印象。请见：*Racism without Racists*，56－57.

［17］关于模范少数族裔身份如何使学业不太成功的亚裔学生成为隐形人，见：Stacey J. Lee，"Behind the Model Minority Stereotype：Voices of High-and Low-Achieving Asian American Students，" *Anthropology & Education* 25，no. 4 (1994)：413－29.

［18］有关模范少数族裔种族刻板印象造成的族群间冲突，请见：Lee，Wong，and Alvarez，"Model Minority and the Perpetual Foreigner."

197 ［19］有关教师信任及其对学生成绩的影响，请见：Bryk and Schneider，

Trust in Schools. 还有一些学者研究了教师工作场所氛围，将其称为“教师集体效能”。请见：Goddard，Hoy，and Hoy，“Collective Teacher Efficacy”；and Goddard，Hoy，and Hoy，“Collective Efficacy Beliefs.”有关教师合作与支持文化，请见：Moller et al.，“Collective Pedagogical Teacher Culture.”

［20］Moller et al.，“Collective Pedagogical Teacher Culture.”

［21］有几位学者探索了一些非常有趣的社会心理学动态因素，尽管是在组织背景之外。例如，一些研究表明，不同肤色的人类形像的情境线索会引发不同的刻板印象，而这些刻板印象实际上与对一个人的种族的不同评估有关。请见：Jonathan B. Freeman，Andrew M. Penner，Aliya Saperstein，Matthias Scheutz，and Nalini Ambady，“Looking the Part：Social Status Cues Shape Race Perception，” *PloS one* 6，no. 9 (2011)：e25107.

［22］有关线上参与研究中网络化公共空间的使用，请参见：boyd，*It's Complicated*；boyd，“Why Youth (Heart) Social Network Sites”；boyd and Ellison，“Social Network Sites”；and Valenzuela，Park，and Kee，“Is There Social Capital in a Social Network Site?”

［23］Paul Willis，*Learning to Labor：How Working Class Kids Get Working Class Jobs* (London：Saxon House，1977).

［24］有关马克思与游戏理论之间关系的讨论，请见：Henricks，*Play Reconsidered*；Karl Marx，*The Marx-Engels Reader*，ed. Robert C. Tucker (New York：W. W. Norton，1978).

［25］正如我在第四章中提到的，可汗描述了一所私立精英学校学生中的类似现象，我也称之为“怪异的”，因为学生们表现出了一种“表演出的轻松”，或者说是一整套性情和情感，这让分析者感觉是机构对学生童年和身份的扭曲。参见：Khan，*Privilege*.

［26］有一个例子是布迪厄的著作如何被曲解为将学生成绩的责任推给少

数族裔的贫困家庭。请见：David Brooks，“Both Sides of Inequality,” *New York Times*, 9 March 2006, https://www.nytimes.com/2006/03/09/opinion/both-sides-of-inequality.html.

[27] 对文化研究和种族研究历史轨迹的回顾，请见：Skrentny，“Culture and Race/Ethnicity.”

[28] 关于社会场域，请见：Bourdieu，*Distinction*；Bourdieu，*Field of Cultural Production*；and Wacquant，“Towards a Reflexive Sociology.”

[29] 有关学术写作中的制度化种族主义，请见：John Diamond，“Race and Supremacy in the Sociology of Education：Shifting the Intellectual Gaze,” in *Education in a New Society：Renewing the Sociology of Education*, ed. Jal
198 Mehta and Scott Davies (Chicago：University of Chicago Press，2018)；and Paula Chakravartty, Rachel Kuo, Victoria Grubbs, and Charlton McIlwain，“#CommunicationSoWhite,” *Journal of Communication* 68, no. 2 (2018)：254 - 266.

[30] 对于将布迪厄的思想定性为还原论还是广泛的经济决定论的说法，有一个有趣的总结和回应，请见：Garry Potter，“For Bourdieu，Against Alexander：Reality and Reduction,” *Journal for the Theory of Social Behaviour* 30, no. 2 (2000)：229 - 246.

[31] 值得探讨的一个重要差异是“反科技”家长和学校的兴起，特别是在硅谷等地区，这种观点开始出现。这种观点很可能在某种程度上与精英文化差异有关。

[32] 有关哈贝马斯的著作及其在当代公共思想中的作用的评论，请见：Craig Calhoun，*Habermas and the Public Sphere* (Cambridge：MIT Press，1992).

[33] 有关线上参与研究中网络化公共空间的使用的例子，请见：boyd，*It's Complicated*；boyd and Ellison，“Social Network Sites”；and Valenzuela,

Park，and Kee，“Is There Social Capital in a Social Network Site?”

［34］对这个论点的一个有趣讨论，请见：Mark Warschauer，“Reconceptualizing the Digital Divide，” *First Monday* 7，no. 7（2002）.

［35］更多有关种族刻板印象对学生福祉的影响，请见：Lee and Zhou，*Asian American Achievement Paradox*.

［36］对于有兴趣的读者，可以从有关刻板印象威胁的研究谈起。请见：Claude M. Steele and Joshua Aronson，“Stereotype Threat and the Intellectual Test Performance of African Americans，” *Journal of Personality and Social Psychology* 69，no. 5（1995）：797.

［37］既然谈到了这个话题，我们就有必要重复一下第一章中讨论的本项目的其他局限性。在本书中，我不时提到，但没有很好地阐述，在学校环境中，种族、民族和阶层以外的社会地位是如何影响对娱乐的规训的。与其在种族和阶层研究之外的领域做出不合格的贡献，我不如谦虚地向其他同事的工作求助。一些很好的出发点包括教育技术实践中这些因素与性别的交叉性（Riegle-Crumb，Moore，and Buontempo，“Shifting STEM Stereotypes?”）以及与残疾状况的交叉性（如：Meryl Alper，*Giving Voice*：*Mobile Communication*，*Disability*，*and Inequality*［Cambridge：MIT Press，2017］）.

［38］关于黑人与其他种族群体之间严格的社会界限，请见：Michèle Lamont，*The Cultural Territories of Race*：*Black and White Boundaries*（Chicago：University of Chicago Press，1999）.

［39］有关教师之间氛围对学生成果的影响，请见：Goddard，Hoy，and
Hoy，“Collective Teacher Efficacy”；and Goddard，Hoy，and Hoy，“Collective 199
Efficacy Beliefs.” 也参见：Moller et al.，“Collective Pedagogical Teacher Culture.”

［40］有关学校环境中组织文化及这种现象的研究，请见：Kruse and Louis，*Building Strong School Cultures*；Schein，*Organizational Culture and*

Leadership; Armstrong and Hamilton, *Paying for the Party*; Holland and Eisenhart, *Educated in Romance*; and Diamond and Lewis, "Race and Discipline at a Racially Mixed High School."

[41] 有关自动意识与审慎意识的认知过程及其与文化的关系，请见：Paul DiMaggio, "Culture and Cognition," *Annual Review of Sociology* 23 (1997): 263 - 287.

[42] 历史上不难找到夸大新技术对人类行为影响的例子。请见：Mitchell Stephens, *The Rise of the Image, the Fall of the Word* (Oxford: Oxford University Press, 1998)，有关固定电话危害性影响的警告。John Campbell, *The Spectator: A Weekly Review of Politics, Literature, Theology and Art*, vol. 63, (1889)，有关电报对日常生活的干扰影响。"Senator Marconi's Doubts on Wireless," *Glasgow Herald*, 13 May, 1940, on the "menace" of radio; and David M. Levy, "Information Overload," in *The Handbook of Information and Computer Ethics*, ed. Kenneth Einar Himma and Herman T. Tavani (Hoboken: John Wiley & Sons, 2008)，担心印刷术的出现会导致可用信息过多，造成大众混乱和伤害。

[43] 解决这一问题的方法之一可能是集中精力制订真正周到的学校技术计划。学校不强制要求制订计划，但应该这样做，特别是考虑到获取教育技术所需的投资。更多有关话题，请见：Cassidy Puckett, "CS4Some? Differences in Technology Learning Readiness," *Harvard Education Review* (forthcoming). 一些教师和学校在制订以学生为中心、惩罚性最小的政策时可能会遇到障碍。Ethan Chang 的著作提供了一些很好的例子，说明学校如何以不同的方式制订学校技术计划，并举了一个学校努力让社区参与决策过程的案例。请见：Chang, "Digital Meritocracy: Intermediary Organizations and the Construction of Policy Knowledge," *Educational Policy* (2018): 1 - 25, and "Bridging an

Engagement Gap: Toward Equitable, Community-Based Technology Leadership Practice," *International Journal of Leader-ship in Education* (2018): 1-19.

附录

[1] 本研究在加州大学尔湾分校的支持下进行，并不反映谷歌公司的观点或意见。 200

[2] Emily C. Feisritzer, *Profile of Teachers in the U. S.*, *2011* (Washington, DC: National Center for Educational Information, 2011).

[3] Gary Orfield and Nora Gordon, *Schools More Separate: Consequences of a Decade of Resegregation* (Cambridge: Civil Rights Project, Harvard University, 2001).

[4] Christine C. Williams, *Doing "Women's Work": Men in Non-traditional Occupations* (Newbury Park, CA: Sage, 1993).

[5] 虽然我的社会科学训练要归功于与我共事过的许多教授，但在两位了不起的民族志学家和导师，即 Mizuko (Mimi) Ito 和 David S. Snow 的指导下，我建立并调整了自己的民族志方法。从 Mimi 的作品中，我归纳出自己与青少年合作的方法，并从网上互动的各种数字化痕迹中收集数据（关于这个方法的更多信息，请见：Ito et al., *Hanging Out*. From David's work)，我形成了一种以三角互证和当地可复制性为核心的社会学研究方法（请参见：David A. Snow and Leon Anderson, *Down on Their Luck: A Study of Homeless Street People* [Berkeley: University of California Press, 1993]）。

[6] Robert M. Emerson, Rachel L. Fretz, and Linda L. Shaw, *Writing Ethnographic Fieldnotes* (Chicago: University of Chicago Press, 1995).

索　引

（所注页码为原书页码，即本书边码。斜体页码表示图表）

access，digital，8，40，156－157，169，184n2 可获取或使用，数字化的

data on，51，52 数据有关

digital youth culture and，5，45－46，138 数字化青少年文化与

gaps，196n10 差距，差异

inequity of，185n7 的不平等

access，wireless internet，4，36－37，41－42 可获取或使用，无线网络

achievement：disciplining play and，3，8－9，12－13，14，44，50，64，113，124，135，145，148，198n37 成就：规训娱乐与

individual，79，145 个体

social classes and，109 社会阶层与

student，8，12，77，135－136，143，144，156 学生

activities：capital-enhancing，109，111，112，191n6 活动：资本-加强或提升

creative，3，34 创意性的，创造性的

high-stakes learning，63 高风险学习

索　引

online, 109, 110 在线的

Adobe creative suites, 34 Adobe 创意套件

adoption: of digital technologies, 12 采用：数字技术的

of innovations, 45 创新的

alienation, theory of, 150, 151, 152 异化，的理论

analysis, data, 176－177 分析，数据

Android Application Package (APK), 186n25 安卓应用程序包

anti-tech parents, 198n31 反科技家长

APK (Android Application Package), 186n25 安卓应用程序包

Asian American students: constructions of, 78, 85, 106 亚裔美国学生：的建构

teacher perceptions of, 15, 16, 60－61, 72－73, 79, 80－81, 94 教师对其的看法

basic skills approach, to digital technologies, 39－41, 42, 43, 64－67, 68, 140 基础技能、方法，关于数字技术

behavior, online, monitoring of, 36, 137 行为，线上的，的监控

Bell, Genevieve, 183n1①

"blacklist" policy, for internet access, 42 "黑名单"政策，针对互联网接入的

Black students, teachers' perceptions of, 158－159, 190n15 黑人学生，教师对其的看法

Bonilla-Silva, Eduardo, 188n5, 196n16

boundaries, 129－130 边界，界限

between play and learning, 119－120, 123－125, 134, 140, 149 玩耍、娱乐与学习之间

students imposed with, 120 强加于学生之上的

Bourdieu, Pierre, 11－12, 48, 193n11 布迪厄，皮埃尔

on social fields, 49, 153 有关社会场域

on unequal childhoods, 46－47 有关不平等童年

① 注释中文献出处里出现的人名，本书照录原文，未译。——译注

Bowles, Samuel, 13, 48, 150 鲍尔斯，塞缪尔
boyd, danah, 179n4
Bryk, Anthony, 77 布莱克，安东尼
bullying, 51, 92, 123, 126, 161 霸凌

capital, cultural, 12, 14, 20, 47 - 48, 185n10 资本，文化
digital forms as, 56, 57 - 58, 69, 70 数字形式作为
digital interests as, 115 - 116 数字兴趣作为
digital skills as, 138, 141 数字技能作为
capital, social, 111 资本，社会
capital-enhancing activities, 109, 111, 112, 191n6 助长、提升、加强资本的活动
Carter, Prudence, 49 - 50, 186n15 卡特，普鲁登斯
César Chávez Middle School, 17, 23, 131 凯撒·查韦斯中学
digital technologies at, 22 的数字技术
disciplinary orientations at, 69, 120 - 121 的规训取向
gendering videogameplay at, 187n30 的电子游戏性别问题
"in it together" mentality of, 85, 86, 87, 88, 90, 91 的"同舟共济"的思维方式
observations at, 39 - 42, 64 - 68 在此的观察
racial and social class distribution at, 27, 170 的种族和社会阶层分布
student approach to curating online identities, 121 - 123 学生管理线上身份认同的方式
workplace dynamics, 85 - 91 工作环境
characteristics: of interviewed students, *172* 特征：被访问学生的
of interviewed teachers, *172*, *173* 被访问老师的
of schools, *171* 学校的
childhoods, unequal, 5, 134 - 135 童年，不平等的
critiques of, 153 的批判

sociological definition of, 179n3 的社会学定义
theories of, 8, 140 的理论
Chromebooks, 35 - 36, 37, 38, 40, 124 搭载 Google Chrome OS 系统的个人电脑
classroom: observations, 18, 19, 93 - 94, 174 - 176 教室：观察
sizes, 174 规模
cliquish, school faculty as, 90 小集团的，学校教师作为
closing, of digital divides, 42, 69 缩小数字鸿沟
cloud-based apps, 32, 137 基于云计算的应用
Google Docs, 37 - 38, 40 - 41, 54, 186n23 Google 文档
Google Drive, 32, 54, 137, 186n23 Google 云端硬盘，云盘
grade-reporting software, 33 - 34, 38 成绩报告软件
cognition, deliberative and automatic, 160 认知，有意识的和无意识的
collaborative, workplace dynamics as, 85 - 86, 87, 90 合作性的，工作场所氛围
collective "common sense," of teachers, 25 集体共识，老师们的
colorblind racism, 75, 191n18 色盲种族主义
Bonilla-Silva on, 188n5, 196n16
consequences of, 145 - 146 的后果
organizational cultures and, 78 - 79 组织文化以及
theories of, 15, 74, 142 的理论
commitments, pedagogical, 28, 136 保证，承诺，教学法的
commonsense understandings, of risks, 183n3 常识性理解，有关风险的
communications: online, 46 沟通：线上的；
peer-to-peer, 40 - 41, 42, 62 点对点的
communities, online, 114 社区，线上的
computerized state tests, 170 电脑化的州级考试
conflicting racial stereotypes, 84, 141, 142, 143, 144 - 145 互相冲突的种族刻板印象

consequences：of colorblind racism，145－146 后果：色盲种族主义的
of racial stereotypes，158 种族刻板印象的
constructions：of Asian American students，78，85，106 建构：对亚裔学生的
of digital technology value，27，42－43，119，121，133，135，136－137 对数字科技价值的
of Latinx students，85，87，88－89 对拉美裔学生的
of White students，84，108，142，143 对白人学生的
workplace dynamics and students，107 对工作场所氛围与学生的
consumption，media，40 消费，媒体
contradictory，teacher perceptions as，84－85，188n7 互相矛盾的，教师认知是
creation，media，40，194n18 创意，创作，媒体
creativity：in activities，3，34 创造性：在活动中的
as play，23，67，68 玩耍娱乐作为
selfhood and，151－152 自我以及
through use of digital technologies，115－116 通过数字科技的使用
critiques：of cultural mobility theories，64，68 批评：文化流动理论的
on cultural research，186n15 对文化研究的
of social reproduction theories，26，141－142 社会再生产理论的
of unequal childhood theories，153 不平等童年理论的
cultural capital，12，14，20，47－48，185n10 文化资本
digital forms as，56，57－58，69，70 数字化形式作为
digital interests as，115－116 数字化兴趣作为
digital skills as，138，141 数字技能作为
cultural inequality，48，49－51，70，109，150 文化上的不平等
cultural mobility，12，47－48，69，140－141 文化上的流动性
critiques of，64，68 的批评

theories of, 61, 135, 153 的理论
cultural resources, 109, 138, 154 文化资源
culture: critiques on research of, 186n15 文化：对其研究的批评
as currency, 47, 70 - 71, 154 - 155 作为货币
digital youth, 5, 7, 8 - 9, 10, 20, 45 - 46, 53 - 55, 138, 179n4 数字青年，擅长数字科技的年轻人、青少年
"oppositional culture" 194n16 "反对文化"
organizational, 76, 78 - 79, 144, 159 - 160, 189n8 组织性的
social fields and, 49; 社会场域以及
supportive, 86, 87 支持性的
curating online identities, 132, 156 管理线上身份
Chávez students' approach to, 121 - 123 查韦斯学生对其的方式
Heathcliff students' approach to, 110 - 111, 116 - 118 希斯克利夫学生对其的方式
Sheldon students' approach to, 128 - 129 谢尔顿学生对其的方式

data: cloud-based, 36 数据：基于云计算的
on students, 162 有关学生的
on teachers, 159 有关老师的
on technological access, 51, 52 有关科技可获取的
on youth, 163 有关青少年的
Dedoose (coding application), 177 Dedoose（编程应用）
definitions: discipline, 13, 138 - 139, 196n11 定义：规训
networked publics, 112 网络化公共空间
play, 9 玩耍，娱乐
unequal childhoods, 179n3 不平等的童年
demographics, 190n13 人口学特征，人口相关的
digital participation and, 146 - 147 数字化参与以及
neighborhood shifts in, 89, 96, 97, 104 - 105 上的社区变迁

of teachers，170 老师的
determinism，technological，30，42 决定论，科技的
historical examples of，24，183n1 历史上的例子
screen time and，137 屏幕时间与
Diamond，John B.，190n15
digital distinctions，155 数字化区隔
digital divides，7，8，55，138 数字鸿沟
closing of，42，69，135－136 的缩小
educational reforms and，4－5 教育改革以及
digital era，150 数字时代
economic futures of，14 的经济未来
schools，4 学校
digital expertise，52－53 数字技能
digital footprints：minimizing of，128－129 数字足迹：的最小化
variability of，122－123，147，148，156 的变化
digital forms：as cultural capital，56，57－58，69，70 数字形式：作为文化资本
as irrelevant，67，120；被视为无关紧要的
as risks，60，63 作为风险
digital interests，114，115－116 数字兴趣
digital labor，123，127，140 数字劳动
digital literacies，8，42，119，184n5，193n12 数字素养
educational reforms and，28，134 教育改革以及
federal guidance on，161－162 联邦政府对其的指导
digital participation，51－53，109－110，112－113，191n6 数字参与
demographic differences in，146－147 人口统计学上的差异
disciplinary orientations and，131 规训取向以及
unequal gains and，111 不平等的增长以及
variability of，149 的变化性
digital production，46，53，54，59，118，119 数字生产
digital skills，7，8，17 数字技能
as cultural capital，138，141 作为

索 引

文化资本

as currency, 154 - 155 作为流通货币

digital youth culture developing, 53 - 55 发展青少年数字文化

play and, 5, 11 - 12, 46, 47 - 48, 56 - 57, 139 娱乐玩耍与

as threatening, 60, 61 - 62, 64 作为威胁性的

for working-class jobs, 64 - 65 为工人阶级工作的

digital technologies, 2, 3, 4 - 5, 7, 18 - 19, 184n4 数字科技

adoption of, 12 的采用、使用

basic skills approach to, 39 - 41, 42, 43, 64 - 67, 68, 140 基础技能方式

constructions of value for, 27, 42 - 43, 119, 121, 133, 135, 136 - 137 对其价值的建构

creative use of, 115 - 116 对其创造性使用

differences in schools use of, 23 - 24 学校使用上的差异

factory technologies compared with, 150 - 151 与工厂科技相比

opposition to, 101 - 102; 对其的反对

portal approach to, 31, 33, 34, 42 - 43, 56, 139 入口

stories told with, 58 - 59 用其所讲述的故事

surveillance approach to, 35 - 36, 37, 39, 43, 137, 139 - 140 对其的监控方式

teachers on role of, 27 - 30 教师对其角色的看法

as threatening, 125 作为威胁性的

traditional use of, 62 的传统使用

digital tools, 19 - 20, 27, 133 数字工具

for digital production, 54, 118, 119 为数字化创作

learning and, 28, 30 - 31, 56, 133 的学习以及

"messing around" with, 10, 45 - 46, 134 "捣鼓"

practice, 23 实践

digital traces. See digital footprints 数字印记、痕迹。见数字足迹

digital youth culture, 7, 20, 179n4 青少年数字文化
digital skills developed through, 53-55; 通过其发展的数字技能
disciplinary orientations and, 8-9 对其的规训取向
Ito on, 10, 45 伊藤有关
technological access and, 5, 45-46, 138 技术获取、可得到
See also play 见玩耍娱乐
DiMaggio, Paul, 47 迪马吉奥，保罗
disciplinary orientations, 20, 48, 71, 129-130, 141-142, 146 规训取向
at César Chávez Middle School, 69, 120-121 凯撒·查韦斯中学的
digital participation and, 131 数字参与及
digital youth culture and, 8-9 青少年数字文化的
at Heathcliff Academy, 57, 70; origins of, 105-106, 108 希斯克利夫中学的
play and, 70 娱乐与
at Sheldon Junior High, 59-60, 61, 69-70 谢尔顿初中的
discipline, 25, 36, 161 规训
definitions of, 13, 138-139, 196n11 的定义
inequality in, 140, 163 中的不平等
of play and achievement, 3, 8-9, 12-13, 14, 44, 50, 64, 113, 124, 135, 145, 148, 198n37 娱乐和成就上的
process of, 49 的过程
diversity, in tech sector, 6-7 多样性，科技行业的
divides, digital, 7, 8, 55, 138, 179n2 鸿沟，数字
closing of, 42, 69, 135-136 的缩小
educational reforms and, 4-5 教育改革与
Dourish, Paul, 183n1

economic futures, of digital era, 14 经济前景，数字时代的
educational reforms: digital divides and, 4-5 教育改革：数字鸿沟与
digital literacies and, 28, 134 数字

索　引

素养及
electronic textbooks，32，38，44 数字化教材
elites，mentality of：parental pressures and，98－99，100 精英，心态：家长压力及
race and，103－105 种族及
teaching practices and，101－102 教学实践及
environments，online，31－32，111－112，147，149，193n11 环境，线上
"every man for himself" mentality，91，92，93，95－96，159 "人人为己"的心态
expectations，20，24－25，49，130 期望
of race and social class，8－9，13－14，97 种族和社会阶层的
of school faculty，16 学校教职员工的
of teachers，126，127 教师的
expertise，digital，52－53 专长，数字化的

Facebook，6，36，61，62，122，129 脸书
factory technologies，digital technologies compared with，150－151 工厂技术，与数字科技相比
faculty workplaces：as collaborative，85－86，87，90 教师工作环境：合作化的
elite servitude and，98－105 为精英服务的
as hostile，92，95，96，97－98 充满敌意的
family-like，workplace dynamics as，86－87，89，91 家庭式的，工作环境氛围为
Fast Food Nation，88《快餐王国》
federal guidance，on digital litcracics，161－162 联邦政府指导，关于数字素养
fields，social，47，49，153 场域，社会
fieldwork，18－19，32，175－176 田野工作
footprints，digital：minimizing of，128－129 足迹，数字化的：减少
variability of，117，122－123，147，148，156 变化，多样的

Foucault, Michel, 138 - 139 福柯，米歇尔

gaps: participation, 111 - 112, 147, 149 鸿沟，差距：参与
technological access, 196n10 科技获取

gender, 6, 26, 175, 187n30, 194n17, 194n18 性别

ghosting, 124, 126, 127, 128, 148 幽灵

Gintis, Herbert, 13, 48, 150 金蒂斯，赫伯特

Goffman, Erving, 147 - 148, 193n11 戈夫曼，埃尔文

Google, 6, 29, 186n21

Google Docs, 37 - 38, 40 - 41, 54, 186n23 谷歌文档

Google Drive, 32, 54, 137, 186n23 谷歌云盘

gossip, of teachers, 190n14 流言蜚语，老师的

grade-reporting software, 33 - 34, 38 成绩报告软件

guidance, federal, on digital literacies, 161 - 162 指导，联邦政府的，关于数字素养

hacking, 54, 61 黑客行为

harassment, racial stereotypes and, 126 骚扰，种族刻板印象及

hardware, 4, 39, 41, 51, 53, 133 硬件

Heathcliff Academy, 1, 3, 17, 23, 131 希斯克利夫中学
disciplinary orientations at, 57, 70 的规训取向
iPad use, 56; marketing strategies, 98 - 99 iPad 使用；市场营销策略
observations at, 31 - 33, 44 - 45, 55 - 60 的观察
operation of race at, 103, 104 涉及种族的措施
racial and social class distribution at, 27, 170 种族与社会阶层分布
serving elites mentality at, 98 - 105 为精英服务的心态
students' approach to curating online identities, 110 - 111, 116 -

索 引

118 学生筹划线上身份或形象的方式

workplace dynamics, 98 - 105 工作环境倾向（氛围）

hidden curriculum, 181n21, 191n5 隐性课程

historical examples, of technological determinism, 24, 183n1 历史事例，关于技术决定论的

home technology, 52 家用科技

hostile, workplace dynamics as, 92, 95, 96, 97 - 98 充满敌意的，工作环境氛围

Hunger Games, *The*, 113 - 114《饥饿游戏》

ideology, White racial, 156, 157 - 158, 160 意识形态，白人种族

imagined path, of students, 64 - 65 想象的路径，学生的

immigrants, 2, 64, 82, 83; 移民

"benevolent immigrants," 73, 74, 75, 141, 143 "友善的移民"

digital, 57 数字化

as well-intentioned, 87 - 88, 89 善良的

individual achievement, 79, 145 个人成就

inequality: cultural, 48, 49 - 51, 70, 109, 150 文化上的不平等

in discipline, 140, 163 规训上的

educational, 134, 157 教育上的

of resources, 112, 134, 152 - 153, 180n5 的资源

See also unequal childhoods 见不平等的童年

inequity, of technological access, 185n7 不平等，科技获取的

"in it together" mentality, 85, 86, 87, 88, 90, 91 "同舟共济"心态

innovations, 7 创新

adoption of, 45 的采用

inhibiting, 11 抑制，妨碍

institutions controlling, 13 机构控制

play as source of, 9 - 10 娱乐作为其来源

Instagram, 53, 55, 62, 110, 116, 186n20 照片墙

institutions, 24 - 25, 183n3 制度或机构

索　引

Khan，Salman，27 - 28 可汗，萨尔曼

Khan，Shamus，117，197n25 可汗，沙姆斯

Khan Academy，27 - 28 可汗学院

Kik（messaging app），53，122，186n19 Kik（短信应用）

labor，digital，123，127，140 劳动，数字化的

labor market outcomes，26，30，49，65，158 劳动力市场结果

laptops，4，29，35 - 36，63 手提电脑

Latinx students：constructions of，85，87，88 - 89；拉美裔学生的建构

teacher perceptions of，15，16，64 - 65，72，78，80，81，83 老师的观念

LAUSD. See Los Angeles Unified School District 见洛杉矶联合学区

learning：boundaries between play and，119 - 120，123 - 125，134，140，149 学习，与娱乐之间的界限

digital tools and，28，30 - 31，56，133 数字化工具以及

high-stakes activities for，63 高风险活动

personalized，29 个性化的

play integrated with，58 - 60，114 - 115，116，133 与娱乐融合

less privileged youth，8，13，47，69，123，135 弱势青少年

Lewis，Amanda，190n15

LinkedIn，110 领英

literacies，digital，8，42，119，184n5，193n12 素养，数字的

educational reforms and，28，134 教育改革以及

federal guidance on，161 - 162 联邦政府指导

Livingstone，Sonia，185n12

Los Angeles Unified School District (LAUSD)，5 - 6 洛杉矶联合学区

marketing strategies，Heathcliff Academy，98 - 99 市场营销策略，希斯克利夫中学

Marx，Karl，11，150，151，152 马克思，卡尔

Marxist perspectives，of play，11，25 马克思主义观点，关于娱乐玩耍

Mean Girls，91《贱女孩》
media，social，6，14，53，54－55，61 媒体，社交
media consumption，40，112，128，194n18 媒体消费
media creation，40，112，194n18. 媒体创作
See also digital production 也请见数字制作
media effects，of technological determinism，24 媒体影响，技术决定论的
meetings，budget，99－100 会议，预算
memos，analytic，177 备忘录，分析
“messing around，” with digital tools，10，45－46，134“捣鼓”，数字工具
metaphor，shopkeeper-teacher，47，49，71 隐喻，店主-老师
methodology，of research，17－19，169－170，174－177，200n5 方法论，研究的
middle school，as understudied，17－18 中学，作为较少研究的
Minecraft，44，46，55，67－68，115，133－134《我的世界》
minimizing，of digital footprints，128－129 减少，数字足迹的
mobility，cultural，12，47－48，69，140－141 流动性，文化的
critiques of，64，68 的批评
theories of，61，135，153 的理论
“model minorities，” 73，74，103，141，143 模范少数族裔
monitoring：of online behavior，36，137 监视：对线上行为的
of students，41 对学生的
multiple stereotypes，73，74，75，76，78，83 多重刻板印象
music composition software，2，3 音乐写作软件

networked publics，113，117，118，130，132，193n11 网络化公共空间
definition of，112 的定义
Goffman on，147－148 戈夫曼关于
norms，of workplace dynamics，106，144－145，154－155 规范，工作环境氛围的

obscuring, of White racial ideology, 160 模糊化，掩盖，白人种族意识形态的

"on autopilot," teachers as, 94, 160 "自动巡航"，教师处于

1-to-1 programs, 31, 35, 40, 42, 56 一对一项目

online activities, 109, 110 线上活动

See also digital participation 请见数字化参与

online behavior, monitoring of, 36, 137 线上行为，的监视

online environments, 31 - 32, 111 - 112, 147, 149, 193n11 线上环境

online identities, curating, 132, 156; 线上身份、形象，筹划

Chávez students' approach to, 121 - 123; 查韦斯学生的方式

Heathcliff students' approach to, 110 - 111, 116 - 118; 希斯克利夫学生的方式

Sheldon students' approach to, 128 - 129 谢尔顿学生的方式

online resources, 111, 146 - 147 线上资源

"open-door" structure, of Sheldon Junior High, 35, 39 "开放式"结构，谢尔顿初中的

opposition, to digital technologies, 101 - 102 反对，对数字科技的

"oppositional culture," 194n16 "反对文化"

organizational cultures, 189n8 组织文化

color-blind racism and, 78 - 79 色盲种族主义

research on, 144, 159 - 160 的研究

theories of, 76 的理论

orientations, disciplinary, 20, 48, 71, 129 - 130, 141 - 142, 146 取向，规训

at César Chávez Middle School, 69, 120 - 121 在凯撒·查韦斯中学

digital participation and, 131 数字参与与

digital youth culture and, 8 - 9 青少年数字文化与

at Heathcliff Academy, 57 在希斯克利夫中学

origins of，105－106，108 的来源
play and，70 娱乐与
at Sheldon Junior High，59－60，61，69－70 在谢尔顿初中
origins，of disciplinary orientations，105－106，108 来源，规训取向的
outcomes，labor market，26，30，49，65，158 结果，劳动力市场的

parenting practices，social classes，47－48，50－51，61，109，153 养育实践，社会阶层
parents，47，50，154 家长
anti-tech，198n31 反科技的
involvement of，100－101，104－105，193n13 的参与
perceptions of race，104－105 的种族观念
pressures of，98－99，100 的观念
school perceptions of，61，64－65，72，80，82，94，96，100－101 学校对其的观念
participation，digital，51－53，109－110，112－113，191n6 参与，数字化的
demographic differences in，146－147 人口学差异
disciplinary orientations and，131 规训取向
unequal gains and，111 不平等的获得与
variability of，149 的差异
participation gaps，111－112，147，149 参与差距
pedagogy，28，29，30，77 教学法
commitments of，23，136 的承诺
practices of，3，14，15，20－21 的实践
peer harassment，racial stereotypes and，126 同伴骚扰，种族刻板印象与
peer-to-peer communications，40－41，42，62 同伴之间的交流、沟通
perception. See teachers' perceptions 观念。参见教师观念
"performance of ease，" 117－118，197n25 表演出的轻松
personalized learning，29 个性化学习
"phone box，" 120－121，125 "手机盒子"，"电话盒子"
play，20，163 娱乐
boundaries between learning and，119－120，123－125，134，140，149 与学习的界限

索 引

creativity as, 23, 67, 68; 创造性作为

definitions of, 9 的概念

digital skills and, 5, 11 - 12, 46, 47 - 48, 56 - 57, 139 数字技能与

disciplinary orientations and, 70 规训取向与

disciplining, 3, 8 - 9, 12 - 13, 14, 44, 50, 64, 113, 124, 135, 145, 148, 198n37 规训

as irrelevant, 64, 65, 113, 127 - 128 作为无关紧要的

learning integrated with, 58 - 160, 114 - 115, 116, 133 与学习融合

Marxist perspectives of, 11, 25 马克思主义观点的

potential of, 21 的潜力

as reward, 66 - 67, 68 作为奖赏

social reproduction and, 14, 79 - 80, 152 社会再生产与

as source of innovation, 9 - 10 作为创新的来源

policies: "blacklist" and "whitelist," 42 政策:"黑名单"与"白名单"

restrictive tech, 120 - 121, 125, 161 限制科技的使用

portal approach, to digital technologies, 31, 33, 34, 42 - 43, 56, 139 入口式方式,对数字科技

potential, of play, 21 潜能,娱乐的

PowerPoint (slideshow presentation app), 58 - 59 PPT (幻灯片展示应用)

practices: digital tools, 23 实践:数字化工具

pedagogical, 3, 14, 15, 20 - 21 教学法的

pressures, of parents, 98 - 99, 100 压力,家长的

privacy, 52 隐私

privilege: families, 12, 48, 154 特权:家庭的

White students, 20, 145 白人学生的

of youth, 8, 12, 13, 14, 47, 59 - 60, 69, 123, 135, 141 青少年的

processes: disciplinary, 49 过程:规训

interview, 18, 174 - 175, 176 - 177, 187n2, 195n4 访谈

socialization, 50 社会化

programming software, 54 编程软件

prototypes, 10 原型

publics, networked, 113, 117, 118, 130, 132, 193n11 公共空间,网络化的

definition of, 112 的定义
Goffman on, 147 - 148 戈夫曼关于
public sphere and, 155 - 156 公共领域与
public sphere, networked publics and, 155 - 156 公共领域，网络化公共空间与

race-ethnicity, 22, 49 - 50, 182n28, 186n15, 198n37 种族-民族
constructions of Asian American students, 78, 85, 106 亚裔学生的建构
constructions of Latinx students, 85, 87, 88 - 89 拉美裔学生的建构
constructions of White students, 84, 108, 142, 143 白人学生的建构
divides of, 6 - 7 的区分
expectations of, 8 - 9, 13 - 14, 97 的期望
gender intersected with, 194n18 性别与其的交叉性
Heathcliff, Chávez, and Sheldon distribution of, 27, 170; 希斯克利夫、查韦斯和谢尔顿的分布
Heathcliff operation of, 103, 104 希斯克利夫的措施
privileged parents' perceptions of, 104 - 105 优势家长对其的观念
social class intersected with, 26, 153 阶层与其的交叉性
theories of racism and, 15, 74, 142 种族主义理论与
theories of White invisibility, 15, 16, 74, 79, 84, 85 白人隐形性的理论
racial ideology, White, 156, 157 - 158, 160 种族意识形态，白人的
racial stereotypes, 15, 61, 82, 104, 157, 188n7 种族刻板印象
"benevolent immigrants," 73, 74, 75, 141, 143 "友善的移民"
conflicting, 84, 141, 142, 143, 144 - 145 互相矛盾的
consequences of, 158 的结果
"model minorities," 73, 74, 103, 141, 143 "模范少数族裔"
multiple, 73, 74, 75, 76, 78, 83 多重
peer harassment and, 126 同伴骚扰与

索　引

"Tiger Moms," 16, 60, 73, 80, 94, 106 "虎妈"
workplace dynamics and, 78 - 80 工作环境氛围与
racism, colorblind, 75, 191n18; 种族主义，色盲式的
Bonilla-Silva on, 188n5, 196n16
consequences of, 145 - 146 的结果
organizational cultures and, 78 - 79 组织文化与
theories of, 15, 74, 142 的理论
Ray, Victor Erik, 182n28
reforms, educational: digital divides and, 4 - 5 改革，教育的：数字鸿沟与
digital literacies and, 28, 134 数字素养
relational trust, 77 关系式信任
research, 25 研究
ethnographic, 4, 22, 26 民族志的
methodology of, 17 - 19, 169 - 170, 174 - 177, 200n5 的方法论
on organizational cultures, 144, 159 - 60 有关组织文化的
resources: cultural, 109, 138, 154 资源：文化的
inequality of, 112, 134, 152 - 153, 180n5 不平等的
online, 111, 146 - 147 线上的
restriction, of peer-to-peer communications, 62 限制，点对点交流
restrictive tech policies, 120 - 121, 125, 161 限制性的科技政策
reward, play as, 66 - 67, 68 游戏作为奖赏
risks: commonsense understandings of, 183n3 风险：常识性理解
digital forms as, 60, 63 数字化形式的

Schneider, Barbara, 77 芭芭拉，施耐德
school faculty: as cliquish, 90 学校教职员工：像小团体的，像小集团的
expectations of, 16 的期望
schools: characteristics of, 171, 174 学校：的特点
differences in use of digital technologies, 23 - 24 数字科技使用差异

digital-era，4 数字时代
integration of technology in，28－29，30，56，169 融入科技到
middle school as understudied，17－18 研究不足的中学阶段
perceptions of parents，61，64－65，72，80，82，94，96，100－101 关于家长的观念
socialization theories on，58，64，65，77，123，150－151 有关社会化理论
social reproduction theories on，13－14，15，24－25，69，72，141 有关社会再生产理论
technology plans for，199n43. 科技计划
See also specific schools 见不同的具体学校
Schrage，Michael，10 施拉格，迈克尔
Scratch（programming game），41，68 Scratch（编程游戏）
screen time，technological determinism and，137 屏幕时间，科技决定论与
segregation，89 隔离
selfhood，creative，151－152 自我，创造性
serving elites expectation，98－105 为精英服务的期望
Sheldon Junior High，2，3，17，131 谢尔顿初中
disciplinary orientations at，59－60，61，69－70 的规训取向
"every man for himself" mentality of，91，92，93，95－96，159 "人人为己"的心态
observations at，35－39，44，60－64 对其的观察
"open-door" structure of，35，39 的"开放式"结构
racial and social class distribution at，27，170 种族与社会阶层分布
students' approach to curating online identities，128－129 学生筹划线上身份的方式
workplace dynamics，91－98 工作环境氛围
shifts：in demographics，89，96，97，104－105 转变：人口学上的

technological，161 科技上的

shopkeeper-teacher metaphor，47，49，71 店主-老师隐喻

Silicon Valley，6 - 7，198n31 硅谷

SimCity 2000（simulation game），10 - 11 SimCity 2000（仿真游戏）

Sinclair，Upton，88 辛克莱，厄普顿

skills，digital，7，8，17 技能，数字化的

as cultural capital，138，141 作为文化资本

as currency，154 - 155 作为货币

digital youth culture developing，53 - 55 发展数字青少年文化

play and，5，11 - 12，46，47 - 48，56 - 57，139 娱乐与

as threatening，60，61 - 62，64 具有威胁性的

for working-class jobs，64 - 65 工人阶级工作的

smartboards，29 智能白板

smartphones，51，52，54，186n24 智能手机

Snapchat（messaging app），53，110，117，186n21 色拉布（短信应用）

Snow，David S.，200n5

social capital，111 社会资本

social class，6，7，22，141，198n37 社会阶层

achievement and，109 成就与

educational theories and，46 - 47，48 - 49 教育理论与

expectations of，8 - 9，13 - 14，97 的期望

gender intersected with，194n18 性别与其的交叉性

Heathcliff，Chávez，and Sheldon distribution of，27，170 希斯克利夫，查韦斯和谢尔顿的分布

parenting practices，47 - 48，50 - 51，61，109，153 养育实践

race intersected with，26，153 种族与其的交叉性

upward mobility of，97 的向上流动

social fields，47，49，153 社会场域

social forces，19，106，129 社会性力量

socialization：process，50 社会化：过程

theories on，58，64，65，77，123，150 - 151 有关理论

social media，6，14，53，54 - 55，61 社交媒体

social reproduction theories，19，150 社会再生产理论
social stratification，151－152，153－154，170 社会分层
social structures，engagement with，10－11 社会结构，与其的互动
software，4，6，29 软件
  creative，34，41 创意型
  grade-reporting，33－34，38 成绩报告
  music composition，2，3 音乐写作
  programming，54 编程
SoundCloud，118，122 SoundCloud（音乐分享软件）
state tests，computerized，170 州级测验，电脑化的
stereotypes，racial，15，60－61，82，103－104，157，188n7 刻板印象，种族的
  "benevolent immigrants，" 73，74，75，141，143 "友善的移民"
  conflicting，84，141，142，143，144－145 互相矛盾的
  consequences of，158 的后果
  "model minorities，" 73，74，103，141，143 "模范少数族裔"
  multiple，73，74，75，76，78，83 多重的
  peer harassment and，126 同伴骚扰
  "Tiger Moms，" 16，60，73，80，94，106 "虎妈"
stories，digital technologies used for telling，58－59 故事，用于讲述的数字科技
strategies，marketing，Heathcliff Academy，98－99 策略，市场营销，希斯克利夫中学
stratification，social，151－152，153－154，170 分层，社会
students：achievement，8，12，77，135－136，143，144，156 学生：成就
  Black，158－159 黑人
  boundaries imposed on，113 灌输的界限
  characteristics of interviewed，172 访谈学生的特征
  curating online identities，110－111，116－118，121－123，128－129，132，156 谋划、筹划线上身份
  data on，162 有关数据

imagined path of，64 - 65 设想的路径
interview process for，18，174 - 175，176 - 177 访谈过程
monitoring of，41 对其的监视
technologist potential of，135 的技术专家潜力
workplace dynamics and constructions of，107. 工作环境氛围和对其的建构
See also Asian American students; Latinx students; White students 另见亚裔学生、拉美裔学生、白人学生
supportive cultures，86，87 支持性文化
surveillance，35 - 36，37，39，43，137，139 - 140 监视

teachers：characteristics of interviewed，172，173 教师：被访谈教师的特征
collective "common sense" of，25 集体性的"共识"
data on，159 有关数据
demographics of，170 人口学特征
elite servitude of，101 - 102；为精英服务
expectations，126，127 期望
gossip，190n14 流言蜚语
interview process for，18，174 - 175，176 - 177，195n4 访谈过程
as "on autopilot，" 94，160 "自动巡航"模式
as peers，102 - 103；作为同伴的
on role of digital technologies，27 - 30 有关数字科技的角色
as strict，93 作为严格的
teachers' perceptions，141 - 144，154，157，187n2，187n30 教师观念
of Asian American students，15，16，60 - 61，72 - 73，79，80 - 82，94 亚裔学生的
of Black students，158 - 59 黑人学生的
as contradictory，84 - 85，188n7 互相矛盾的
of Latinx students，15，16，64 - 65，72，78，80，81，83 拉美裔学生的
of White students，74 - 75，79，81，83，95 白人学生的
technology：access to，5，8，40，45 -

46, 51, 52, 138, 156 - 157, 169, 184n2, 185n7, 196n10 科技：获取
determinism of, 24, 30, 42, 137, 183n1 决定论的
education companies, 162 教育公司
factory compared with digital, 150 - 151 与工厂相比的数字科技
school plans for, 199n43 学校计划
shifts in, 161 转变
students potential with, 135 学生潜能
tech policies, restrictive, 120 - 121, 125, 161 科技政策，限制性的
tech sector diversity, 6 - 7 科技部门多样性
theories: of colorblind racism, 15, 74, 142 理论：有关色盲种族主义的
of cultural mobility, 61, 135, 153 文化流动性的
of Marx, 150, 151, 152 马克思的
of organizational cultures, 76 组织文化的
on school socialization, 58, 64, 65, 77, 123, 150 - 151 学校社会化的
social classes and educational, 46 - 47, 48 - 49 社会阶层和教育
of unequal childhoods, 8, 140 不平等童年的
See also social reproduction theories 另见社会再生产理论
threatening: digital skills as, 60, 61 - 62, 64 威胁性的：数字技能作为
digital technologies as, 125 数字科技作为
tools, digital, 19 - 20, 27, 133 工具，数字化的
for digital production, 54, 118, 119 数字制作
learning and, 28, 30 - 31, 56, 133 学习和
"messing around" with, 10, 45 - 46, 134 "捣鼓"
practice, 23 实践
traditional, digital technologies use as, 62 传统的，数字科技使用
triage, 87 分流
trust, relational, 77 信任，关系式的
Twitter, 6, 61, 110, 112, 117, 122 推特

understudied, middle school as, 17 -

索　引

18 研究不足的，中学阶段
unequal childhoods，5，134－135 不平等的童年
Bourdieu on，46－47 布迪厄
critiques of，153 的批评
sociological definition of，179n3 的社会学定义
theories of，8，140 的理论
Unequal Childhoods（Lareau），179n3 不平等的童年（拉鲁）
unequal gains，digital participation and，111 不平等的收获，数字参与和
University of California，Irvine，169，199n1 加州大学尔湾分校
upward mobility，of social classes，97 向上流动，社会阶层的

Valenzuela，Angela，25，50 安吉拉，瓦伦苏艾拉
validation，of creative activities，34 认可，对创意型活动
Vaughn，Diane，183n3
video games，14，57，66 电子游戏
Minecraft，44，46，55，67－68，115《我的世界》
Scratch，41 Scratch
SimCity 2000，10－11 SimCity 2000
youth and，45 青少年与
Vine（video sharing app），55，187n26 Vine（视频分享应用）

whiteboards，interactive，32－33，37，40，139 白板，交互式
"whitelist" policy，for internet access，42"白名单"政策，上网的
Whiteness，invisibility of，15，16，74，79，84，85 白人性，的隐形性
White racial ideology，156，157－158，160 白人种族意识形态
White students：constructions of，84，108，142，143；白人学生：的建构
privileged，20，145 优势
teacher perceptions of，74－75，79，81，83，95 教师的观念
Willis，Paul，151 威利斯，保罗
wireless internet access，4，36－37，41－42 无线网络连接
working-class jobs，64－65 工人阶级工作

workplace culture，9，16，76，159 工作环境文化
constructions of students and，107 对学生的建构
norms of，106，144－145，154－155 的规范
racial stereotypes and，78－80 种族刻板印象
relational trust and，77 关系式信任
workplace culture，at César Chávez Middle School，85－91 工作环境文化，凯撒·查韦斯中学
as collaborative，85－86，87，90 合作型的
as family-like，86－87，89，91 家庭式的
workplace culture，at Heathcliff Academy，98－105 工作环境文化，希斯克利夫中学
parental involvement in，100－101，104－105 家长参与
parental pressures in，98－99，100 家长压力
workplace culture，at Sheldon Junior High，91－98；工作环境文化，谢尔顿初中
as hostile，92，95，96，97－98 充满敌意的
as "nine-to-five，" 91，96 "朝九晚五" 的
as tiring，93 劳累的

youth：data on，163 青少年：数据
less privileged，8，13，47，69，123，135 弱势的
privileged，12，14，59－60，141 有优势的
video games and，45 电子游戏与
See also digital youth culture 另见青少年数字文化
YouTube，6，36，110，119，128，139 油管

Digital Divisions: How Schools Create Inequality in the Tech Era by Matthew H. Rafalow

Licensed by The University of Chicago Press, Chicago, Illinois, U. S. A.

图书在版编目（CIP）数据

数字鸿沟：科技时代美国学校如何制造不平等 /（美）马修·拉法洛著；姚曼译. --北京：中国人民大学出版社，2025.1. -- ISBN 978-7-300-33285-7

Ⅰ. G639.712

中国国家版本馆 CIP 数据核字第 2024S473H9 号

数字鸿沟

科技时代美国学校如何制造不平等

[美] 马修·拉法洛（Matthew H. Rafalow） 著

姚　曼　译

Shuzi Honggou

出版发行	中国人民大学出版社		
社　　址	北京中关村大街 31 号	**邮政编码**	100080
电　　话	010－62511242（总编室）		010－62511770（质管部）
	010－82501766（邮购部）		010－62514148（门市部）
	010－62515195（发行公司）		010－62515275（盗版举报）
网　　址	http://www.crup.com.cn		
经　　销	新华书店		
印　　刷	涿州市星河印刷有限公司		
开　　本	890 mm×1240 mm　1/32	**版　　次**	2025 年 1 月第 1 版
印　　张	9 插页 4	**印　　次**	2025 年 1 月第 1 次印刷
字　　数	186 000	**定　　价**	69.00 元